bilder helfen hören

Gleichnisworte der Bibel

Herausgegeben
von Johannes Kuhn
Mit einem Vorwort
von Robert Leuenberger

Quell Verlag Stuttgart

Dem leitenden Redakteur
für »Kirche und Gesellschaft«
im Süddeutschen Rundfunk Stuttgart
Gerhard Rein

Dieser Band faßt Beiträge zusammen, die im Süddeutschen Rundfunk Stuttgart als »Evangelische Morgenfeiern« gesendet wurden.

ISBN 3 7918 2140 7

1. Auflage 1973
Umschlaggestaltung: Michael Jacob
Gedruckt im Quell Verlag Stuttgart

Inhalt

Vorwort

Gut zu predigen war wohl schon immer schwer. Manche finden, es sei heute so schwer geworden, daß man »eigentlich« gar nicht mehr predigen könne. Dafür gibt es viele und zuletzt doch nur einen Grund: zum Predigen braucht es Phantasie. Phantasie, sowohl den »Text« zu lesen, den uns die Welt darbietet, in welcher wir alle leben, als auch den Text der Bibel. Und nun gar diese beiden Texte so zu lesen, daß dabei einer am andern zum Reden kommt: dazu ist eine Phantasie nötig, die in der Tat nicht ganz alltäglich ist: eine, die mit dem genauen und aufmerksamen Verstand der Liebe hinhört.
Mir scheint, in den vorliegenden Rundfunkansprachen ist etwas von der Phantasie zu spüren, die aus der Liebe zu den beiden Texten kommt: zum »Text« unserer gegenwärtigen Welt — wie sie nun einmal ist — und zum Text der Bibel. Und zwar im *Ganzen* dieser Ansprachen. Jedenfalls war der Einfall gut, alle Ansprachen jeweils auf ein Bildwort der Bibel zu beziehen: zum Beispiel »Hirte«, »Spiegel«, »Licht«, »Tür«. Wenn Buchstaben töten, dann vermögen Bilder das Leben sichtbar zu machen, das in alten Worten weiterlebt. Namentlich für uns moderne Menschen, die — von visuellen Reizen überflutet — nur noch selten die Konzentration zu gedrängten oder gar abstrakten Gedankengängen aufbringen. Und doch wird man nicht sagen können, hier werde einem das Denken erspart. Die gewählten Bilder machen es den Hörern nicht leicht. Sie finden sich nicht an den Plakatsäulen. Als Bilder der biblischen Gleichniswelt leisten sie aber das, was uns allen so schwerfällt: sie sammeln. Sie weisen auf eine Mitte hin. Sie bewirken »Konzentration«, auf Einfaches, Menschliches, auf die ungelösten Fragen im Leben des einzelnen und der Zeit, auf die Fragen, die wir verdrängen, weil sie uns doch nicht in Ruhe lassen.

Der »Stil« der Bildrede ist es, der diese Ansprachen zusammenhält, obwohl gewiß jede von ihnen ihre eigene theologische Sprache redet. Aber »Stil« ist mehr als eine Äußerlichkeit. Im Stil einer Predigt liegt immer schon die ganze Theologie des Predigers. Wenn hier verzichtet wird sowohl auf die fortlaufende Auslegung einer biblischen Schrift oder einer Perikopenreihe — auf den Theologen- und Kirchenstil — als auch auf eine Themenfolge, die durch die aktuellen Probleme der Gegenwart diktiert wäre, und statt dessen die Prediger in hingebender Offenheit auf die Sprache dieser Bilder hören, dann heißt das, daß in ihrer Theologie — oder sagen wir besser: daß mit ihrem Glauben — etwas vor sich gegangen ist. An ihrer verwandelten Theologie liegt es, daß die Bilder der Bibel wie von selbst anspielen auf unsere Welt, ja, daß sie von dieser unserer Welt und ihren Fragen, Leiden und Hoffnungen bis zum Rande erfüllt sind.
Es mag sein, daß die Situation im Rundfunk die Kunst des bildhaften Anspielens erleichtert, wenn nicht gar erst provoziert hat. Manches, was einen Prediger im Kirchenraum an sakrale Traditionen bindet, fällt vor dem Rundfunk-Mikrofon dahin. Er ist hier freier und zugleich ungeschützter. Das zwingt ihn, aus dem Schema theologischer und sakraler Systeme auszubrechen und sich den vielfachen Bildern, die ihm der Alltag bietet, anzuvertrauen: also aktuell zu werden. Und doch hängt die Aktualität dieser Ansprachen zuerst und zuletzt am sorgfältigen Hinhören auf die Sprache der biblischen Bilder. Und wo ein biblisches Bild sich wirklich zu regen anfängt, da löst es eine Bilderfolge aus, die so reich und so wahr ist wie das menschliche Leben selbst. Aber es hält das menschliche Leben auch zusammen. Im freien Spiel der Bilder schafft es Ordnung. Und so wird die eine oder andere dieser Bildpredigten vielleicht auch etwas Ordnung schaffen in der Welt der Leser, die sich in ihnen widerspiegelt: etwas von der befreienden, schöpferischen Ordnung des Evangeliums.

Robert Leuenberger

Richard Kommerell

Ernte

Matthäus 9, 37 f; Johannes 4, 35 ff; 2. Korinther 9, 6

Je genauer einer zielt, desto besser trifft er. Zu dieser Feststellung fallen Ihnen bestimmt ganz von selbst einige passende Beispiel ein: der Sportschütze auf dem Schießstand, der Jäger im Wald oder der junge Mann auf dem Jahrmarkt, dessen Freundin nach einer Papierrose schielt. Je genauer einer zielt, desto besser trifft er. Wer will es bestreiten?
Ich weiß nicht, ob Ihnen auch ein Beispiel einfallen würde zu dem Satz: Wer am genauesten zielt, der trifft am exaktesten daneben. – Einem zeitgenössischen Literaturkritiker verdanke ich ein Beispiel, das zu diesem paradoxen Satz paßt. In einem Gespräch über die Frage, ob es eine spezifisch christliche Literatur gibt, meinte jener Professor sinngemäß: Diejenige Literatur, die direkt und im Predigtstil von Gott rede, sei zumeist literarisch minderwertig, diejenige Literatur aber, die nur andeutungsweise, indirekt und umschreibend vom Geheimnis des Religiösen spreche, sei zwar literarisch wertvoller, aber eben nicht im strengen Sinn christlich. Ihm selber, so fuhr er fort, sei die zweite Art sympathischer. Wer sich als Christ heute literarisch äußern wolle, der müsse es machen wie der Messerwerfer im Varieté: Wer am genauesten zielt, der trifft am exaktesten daneben. Ein wirklicher Treffer auf den Partner wäre tödlich. Nur wer daneben trifft, hat genau gezielt. Das heißt doch: Wer vom Geheimnis Gottes reden will, der muß zwar genau wissen, wovon er spricht, und doch wird er nicht anders als indirekt, bildhaft, in Symbolen und Gleichnissen reden kön-

nen, damit seine Worte verständlich sind und treffend, damit seine Sprache zur Umschreibung des Geheimnisses wird.

Schon die Vielzahl der Gleichnisse und ihre offensichtliche Beliebtheit bei Predigern und Zuhörern der Urgemeinde deuten darauf hin, daß vom Geheimnis des Göttlichen immer nur in Analogie, in Symbol und Umschreibung die Rede sein kann. Auch dort, wo wir in der Bibel kein Gleichnis im strengen Sinn einer literarischen Gattung vor uns haben, begegnet uns dieser Sachverhalt: Von Gott, seinem Wirken und Tun, seinem Willen und seinem Handeln wird nie direkt gesprochen, sondern immer so, daß Menschen die Spuren deuten, die Gott nach ihrem Glauben in ihrem Leben und in ihrer Welt zurückgelassen hat. Schon das alttestamentliche Gebot: Du sollst dir von Gott kein Bildnis machen – ist im Grunde ein Verbot der direkten Rede von Gott. Denn mit dieser Vorschrift sind ja nicht nur geschnitzte und gegossene Götzenbilder gemeint, sondern genausogut theologisch erdachte Gottesbilder, kirchliche Dogmen und Katechismen; ja selbst ein scheinbar so direkter Aussagesatz wie der: Gott ist unser Vater, ist ein Bild, ein Gleichnis und als solches nur zulässig, solange sich der Redende dessen bewußt bleibt, daß es ein Bild ist, nichts anderes, nicht mehr, nichts vollkommen Angemessenes.
Ich weiß nicht, ob ich in diesem Zusammenhang die bis zum Überdruß strapazierte These noch einmal wiederholen darf, daß wir in einem Zeitalter der exakten Wissenschaft leben. Diese These wird ja heute gern mit einem kulturkritischen Unterton mehr oder weniger gedankenlos gerade von denen nachgeplappert, die zwar auf der einen Seite gegen die zunehmende Rationalisierung und Technisierung unserer Lebenswelt Front machen und den Verlust an Unmittelbarkeit und Naturverbundenheit beklagen, andererseits aber ganz selbstverständlich die Vorteile dieser Entwicklung genießen wollen.

Sicher haben sie darin recht, daß Wissenschaft und Technik unser Leben mehr und mehr prägen bis hinein in die persönlichen Lebensbereiche. Und unbestreitbar ist auch, daß dann nicht mehr viel Raum bleibt für das Staunen, für das Geheimnis, für symbolträchtige Bilder, für paradoxe Sachverhalte, für zweideutige und geheimnisvolle Gleichnisse. Hier stehen sich Direktheit und Indirektheit, Verfügbarkeit und Unverfügbarkeit, Exaktheit und Geheimnis unversöhnlich schroff gegenüber.
Sollten Sie in diesem Widerstreit bereits ihre Entscheidung zugunsten einer absoluten wissenschaftlich exakten Genauigkeit gegen das Unergründliche und Geheimnisvolle getroffen haben, dann werden Sie sich wahrscheinlich von der Sprache der Bilder und Symbole eher abgestoßen als angezogen fühlen. Sollten Sie aber dem paradoxen Satz: Wer am genauesten zielt, der trifft am exaktesten daneben, einen gewissen Reiz abgewinnen, sollten Sie die Erfahrung gemacht haben, daß es tatsächlich Lebensbereiche gibt, in denen eben das indirekte Umschreiben die einzige Möglichkeit der Mitteilung, also das Danebengezielte eben das Treffende ist, dann sind Sie freundlich eingeladen, dem geheimnisvollen Inhalt von treffenden Bildern, die dieses Buch enthält, nachzuspüren.

Der Evangelist Matthäus überliefert uns ein Jesuswort an seine Jünger: »Groß ist die Ernte, klein ist die Zahl der Arbeiter. Bittet also den Herrn der Ernte, daß er Arbeiter auf sein Erntefeld sende.«
Auch der Evangelist Johannes läßt Jesus ein Wort von der Ernte sagen: »Wenn es soweit ist, könnt ihr sagen: In vier Monaten ist Ernte. Schaut euch um, seht ihr nicht, daß mein Feld reif ist für die Ernte. Wer Korn schneidet, empfängt seinen Lohn, auch wenn er selber nicht gesät hat.«
Und der Apostel Paulus schreibt an die Gemeinde von Korinth

im Zusammenhang mit einer Spendenaktion: »Wer sparsam aussät, wird wenig ernten.«
Wer ernten will, muß sicher sein, daß vorher gesät worden ist – von ihm, von einem anderen oder von der Natur selbst. – Säen heißt hergeben, opfern, verzichten, sich von etwas trennen, etwas verlieren – für immer. Wer auf seinem Sack Saatgut sitzen bleibt und immer daran denkt, wie wertvoll er ist und wieviel er gekostet hat, der handelt, kurzfristig gesehen, vernünftig. Er ist dem gegenüber im Vorteil, der aussät und nach der Aussaat nichts mehr hat. Und doch hat auf lange Sicht der den größeren Vorteil, der scheinbar unvernünftig handelt, wenn er seinen wertvollen Besitz weggibt.

Sie merken bereits, das Bild hat uns schon mitten hineingenommen in unsere Lebenswirklichkeit.
Beispiel Politik: Keine Verzichte, so hört man. Kein Aufgeben von Rechtspositionen. Immer schön sitzen bleiben auf dem Saatgutsack, kein Risiko eingehen. Man weiß ja nie, ob etwas daraus wird, ob man etwas davon wiederbekommt. Daß wir uns nicht mißverstehen. Ein Bild ist noch lange kein Beweis für die Richtigkeit oder Unrichtigkeit dessen, was mit dem Bild gemeint ist. Es ist ja sehr die Frage, ob das Bild vom Säen und Ernten auf diese politische Situation anwendbar ist oder nicht. Ich meine, es sei anwendbar, und deshalb ist, was ich sage, auch keine politische Wahrheit, sondern eine politische Meinung. Wenn man das Bild aber für anwendbar hält, kann einen dieses Bild eine Menge lehren. Was führt weiter: der zugebilligte Vertrauensvorschuß, auch wenn dies Vertrauen riskant ist, oder das ängstliche Beharren auf dem Status quo. Was führt weiter, das Freund-Feind-Denken oder der Versuch der Überwindung dieses Denkens. Säen ist ein Wagnis und verlangt Geduld und Vertrauen. Nicht Säen ist kein Wagnis, denn wo nicht gesät wird, wächst höchstens das Unkraut von allein.

Beispiel Entwicklungshilfe: Wie sehr vergiftet unser Profitdenken das, was wir so hochtrabend Hilfe nennen. Sicherheiten werden gefordert, Garantien und Bürgschaften. Politische Bedingungen werden an Warenlieferungen geknüpft. Am liebsten würde man sich erst dann von seinem Saatgut trennen, wenn man auf dem Feld schon das reife Korn erkennen könnte. Daß wir Menschen der westlichen Welt nicht nur jahre-, sondern jahrhundertelang geerntet haben, wo wir nicht gesät haben, will niemand so recht wahrhaben. Natürlich kann man auch hier über die Anwendbarkeit des Bildes vom Säen und Ernten streiten und einwenden: »Mit der Bergpredigt kann man keine Politik machen.« – Aber es muß doch wenigstens die Gegenfrage erlaubt sein: Wohin hat uns eine Politik ohne die Bergpredigt geführt?
Beispiel: Revolutionäre Veränderungen in der Welt von heute: Es wird gesagt, es gäbe heute Gebiete und Länder, wo Unrecht und Gewalt, Ausbeutung und Unterdrückung solche Formen angenommen haben, daß nur bewaffnete Gegengewalt einen Ausweg eröffnete. Nun, wer den Kreislauf von Saat und Ernte endgültig unterbrechen und den Boden menschlichen Lebens für immer unfruchtbar machen will, der soll das auch offen zugeben. Wer aber auf eine neue bessere Ernte hofft und eine solche neue bessere Ernte in Aussicht stellt, der kann bei Männern wie Martin Luther King lernen, daß Blut nur dort ein fruchtbares Saatgut ist, wo es im Erleiden der Ungerechtigkeit vergossen, nicht aber dort, wo es leichtfertig ausgeschüttet und mißbraucht wird, wo ungezügelte Aggression und uneingestandene Brutalität mit revolutionären Ideen verherrlicht oder auch nur gerechtfertigt werden.
Beispiel Generationenkonflikt: Die Jugend ist heute außer Rand und Band; sie kennt keine Bindung mehr, keine Autorität. Die gewährte Freiheit wird schändlich mißbraucht. Elternhaus und Schule, Kirche und Staat werden von besorgten Zeit-

genossen aufgerufen, den Sack mit dem jugendlichen Saatgut besser verschnürt zu halten. Ist es nicht auch hier die Angst vor dem Risiko, die Angst vor dem Hergeben, die uns solche schlechten Ratschläge eingibt?

Zwischen Saat und Ernte liegt eine lange Zeit, und doch ist im Augenblick der Aussaat unumkehrbar festgelegt, welche Art von Furcht einmal aus der Saat hervorgeht. Die Tiefenpsychologie hat uns gelehrt, daß zwischen dem neurotischen Verhalten von Erwachsenen und frühkindlichen Prägungen ein enger ursächlicher Zusammenhang besteht. Sollten am Ende diejenigen, die heute am lautesten die Jugend anklagen, nur deshalb so laut rufen, weil sie damit ihre eigenen Fehler bei der Aussaat übertönen wollen? Wir können es uns nicht mehr länger leisten, im Umgang mit Menschen einfach alles der Gewohnheit, der Konvention, dem Instinkt, der Intuition zu überlassen. Wir wissen zuviel über die Wirkungsweise unserer Umgangsformen, als daß wir weiter darauf verzichten könnten, auch auf diesem Gebiet zu lernen.

Zum Schluß noch ein Beispiel für Sie persönlich. Beim Ernten wird niemand auf den Gedanken kommen, nachzuzählen, ob auch alle ausgestreuten Körner wirklich aufgegangen sind. Die Freude über das wogende Erntefeld läßt den Bauern vergessen, daß nicht nur die Vögel ihren Anteil bekommen haben, sondern daß manches ganz schlicht und einfach auch verlorengegangen ist.

Viele Menschen leiden heute unter dem Gedanken der Sinnlosigkeit des Lebens. Es hat seinen Wert, seine Mitte verloren. Frustration ist das große Modewort. Gehen wir da in unserem Selbstmitleid nicht zu weit? Nehmen wir uns da nicht ein klein wenig zu wichtig, wenn wir so mit der Verzweiflung kokettieren? Wenn einem freilich von klein auf eingepflanzt wurde – oder wenn man diesen Gedanken selber in sich kultiviert hat: Mein Leben muß eine volle, runde Sache werden, ein Ganzes,

wo jeder Schritt eine Stufe in einer sinnvollen Entwicklung ist, ohne Umwege und Sackgassen. So gesehen, brocken wir uns die Verzweiflung selber ein. Es ist nicht der Sack, der zählt, der volle, runde, pralle Sack. Die Körner zählen, jedes einzelne. Da war einmal jemand, der war froh, daß es mich gab. Da war mir einmal jemand dankbar. Da konnte ich einmal jemand ein hilfreiches Wort sagen.
Achten wir ein klein wenig mehr auf die einzelnen Körner, auf die Körner, die andere in unser Leben gestreut haben, und auf die, welche wir anderen hinstreuen konnten.
Vielleicht ist manches Korn, das wir verloren gaben, dennoch aufgegangen, irgendwo und irgendwann, auch wenn wir nichts davon gesehen haben.

Wenn das Bild vom Säen und Ernten und andere Bilder und Gleichnisse der Bibel einen neuen kritischen Aspekt unserer Wirklichkeit aufleuchten lassen und uns zu einem Überprüfen unseres Denkens und Handelns anleiten können, dann ist die Beschäftigung mit der Bibel auch heute noch sinnvoll. Wo die Theologie exakte Wissenschaft sein will, verrät sie das Geheimnis. Dann kann es gehen wie bei dem Messerwerfer im Varieté: Ein exakter Treffer ist auf alle Fälle tödlich. Nur wer daneben trifft, hat wirklich genau gezielt. Nur wer das Geheimnis hinter den Bildern zu ahnen vermag, hat wirklich verstanden.

Hans Mohr

Weizenkorn

Johannes 12, 24

»Wenn das Weizenkorn nicht in die Erde fällt und erstirbt, so bleibt's allein; wenn es aber erstirbt, so bringt es viel Frucht.« Jesus will mit diesen Worten seinen Jüngern erklären, weshalb sein Weg nicht zu Glanz und Erfolg, sondern zum Verbrechertod am Kreuz führen wird. Er vergleicht sich selbst, sein Leben und Wirken damit, daß ein Weizenkorn in die Erde eingesät wird. Man kann ein Getreidekorn sorgfältig aufbewahren, doch dann erfüllt es seinen Zweck nicht. Nur wo es in die Ackerfurche hineinstirbt, wächst aus dem Korn ein neuer Keim hervor. Nur um den Preis des Vergehens entsteht neues Leben.
In gleicher Weise – so will es Jesus seinen Jüngern erläutern – wäre der Welt nicht geholfen, wenn ich in erster Linie überleben wollte. Dann müßte ich jederzeit den Weg des geringsten Widerstandes gehen. Dann dürfte ich mich nicht anlegen mit den Machthabern Jerusalems, dürfte niemand provozieren. Das leuchtet unmittelbar ein: Wenn Jesus sich selbst geschont hätte, dann gäbe es heute keine christliche Kirche. Es ist müßig, sich auszumalen, wie die Weltgeschichte dann verlaufen wäre. Sicher aber scheint mir zu sein, daß es dann auf der Welt trauriger und unmenschlicher zugehen würde.
Jesus aber hat seinen Auftrag nicht verraten. Er wollte nicht um jeden Preis mit heiler Haut davonkommen. Bewußt ging er den Weg des Widerstands. Er riskierte dabei Scheitern, Folterung und Tod.
Es ist dann freilich nicht bei Scheitern und Tod geblieben.

Wenn Jesus vom Weizenkorn sagt: »So es aber erstirbt, so bringt es viel Frucht«, dann spricht er damit schon von der Ostererfahrung. Das war ja doch der Kern dessen, was die Jünger Jesu an Ostern erfahren haben: Gott hat Jesus nicht dem Tod überlassen. Am Punkt seiner tiefsten Erniedrigung hat er ihn erhöht. Er lebt; er ist im Geist gegenwärtig überall da, »wo zwei oder drei versammelt sind in seinem Namen«. Er ist das Samenkorn, aus dem das erwachsen ist, was die Bibel als »Frucht des Gottesgeistes« beschreibt: Glaube als Vertrauen auf die Güte Gottes; Hoffnung auf eine Welt, in der kein Krieg, kein Hunger, keine Entfremdung mehr sein werden; Liebe als Macht, die stärker ist als Haß und Gewalt. Deshalb feiern wir Ostern, weil wir wissen: der Tod hat nicht mehr das letzte Wort. Das letzte Wort haben Glauben, Hoffnung und Liebe.
Wir haben gesehen: Durch das Bildwort vom sterbenden Weizenkorn hat Jesus seinen Hörern den Sinn seines Lebens, Leidens und Sterbens ausgelegt.

Wir haben bisher das Wort vom Weizenkorn, das ersterben muß, um Frucht zu bringen, nur auf Jesus bezogen. Aber es ist nicht nur eine Deutung des Geschicks Jesu. Mit diesem Wort wollte Jesus seinen Jüngern zugleich zeigen: Dieses Geheimnis gilt nicht nur für mich, sondern auch für euch, die ihr mir nachfolgen wollt. Deshalb fügt er die Sätze hinzu: »Wer sein Leben liebhat, der wird's verlieren; und wer sein Leben auf dieser Welt haßt, der wird's erhalten zum ewigen Leben. Wer mir dienen will, der folge mir nach; und wo ich bin, da soll mein Diener auch sein.«
Welche Folgen hat es, wenn demnach diese Worte auch für uns gelten, soweit wir uns Christen nennen, und das heißt ja wohl: Nachfolger Jesu?
Nun, was hier zu sagen ist, das behagt uns nicht. Es geht uns gegen den Strich. Auch heute noch sind Verzicht, Opfern,

Scheitern und Sterben Voraussetzung dafür, daß neues Leben und bleibende Frucht entstehen. Das geht uns deshalb gegen den Strich, weil uns der Selbsterhaltungstrieb angeboren ist; er lenkt unbewußt durchgängig unser Verhalten.
Stellen Sie sich vor: Sie werden durch Zufall Zeuge, wie ein Mann brutal auf einen Jugendlichen einschlägt – so, daß für den Jungen ernste Gefahr besteht. Sie wissen: Eigentlich müßte ich eingreifen, müßte den Jungen schützen. Aber sofort meldet unser angeblich gesunder Menschenverstand Bedenken an: Warum willst du dich einmischen? Du riskierst nur, selbst Schläge abzubekommen. Halte dich raus!
Nicht jeder wird in eine solche Lage kommen. Aber Bereitschaft zum persönlichen Einsatz und zum Risiko ist nicht nur in extremen Fällen gefragt. Man bittet Sie, neben Ihrem Beruf her noch eine Aufgabe zu übernehmen: als Bewährungshelfer für entlassene Strafgefangene etwa; als Gemeinde- oder Kirchengemeinderat, in der Nachbarschaftshilfe. Oder Sie werden gefragt, ob Sie vielleicht stundenweise da einspringen können, wo Lücken auszufüllen sind: im Krankenhaus, im Kindergarten oder im Altenheim. Auf ein solches Ansinnen pflegen wir mit der Überlegung zu reagieren: Was bringt mir das ein an Einfluß, an Verdienst, an Prestige? Was kostet es mich an Zeit, Kraft und Nerven? Ist die Bilanz negativ, so lehnen wir ab. Wir halten uns heraus. Wir halten es mit der Devise, mit der mich einmal ein Passant beschied, als ich ihn nach einer bestimmten Kirche fragte: »Das weiß ich nicht. Ich bin nicht religiös. Ich habe für mich selbst zu sorgen.«
Das ist es. Wir haben für uns selbst zu sorgen. Und diese Sorge lähmt unser wahres Leben. Das ist gemeint, wenn Jesus sagt: »Wenn das Weizenkorn nicht erstirbt, so bleibt's allein.« Der Mensch dreht sich dann nur um sich selbst; er verspielt damit all seine Chancen, wirklich Mensch, wahrhaft glücklich zu werden.

Mit seinem Wort vom Weizenkorn nimmt uns Jesus die Sorge für uns selber, für unser Fort- und Auskommen ab. Er macht uns frei, für andere zu sorgen. Wer sich darauf einläßt, der kann die unerwartete Erfahrung machen, daß das Leben desto reicher wird, je mehr wir uns hergeben. Wie wäre es anders zu erklären, daß sich nicht selten Menschen verzweifelt das Leben nehmen, denen äußerlich nichts fehlt. Sie haben alles, was man sich so wünschen kann. Nur eben: sie drehen sich um sich selbst. Darum, daß sie sich nirgends anstecken; darum, daß sie sich möglichst lang jung erhalten. Und andererseits ist es doch das Geheimnis glücklicher Menschen: daß sie gar nicht die Zeit haben, an ihre Selbsterhaltung zu denken, weil sie von ihren Mitmenschen gebraucht werden.

Jesu Wort vom Weizenkorn gilt aber nun nicht nur für den einzelnen Christen; es ist zugleich das Lebensgesetz der Kirche. Auch bei ihr gibt es ja diesen Selbsterhaltungstrieb; er pflegt sogar bei Gruppen noch stärker zu sein als bei einzelnen. Einzelpersonen tun sich erfahrungsgemäß leichter, zu verzichten oder auch Schuld einzugestehen; bei Gruppen und Institutionen ist es die große Ausnahme.
Soll die Kirche schweigen zum Unrecht – zur Unterdrückung der Freiheit in Griechenland, in Spanien oder in Lateinamerika? Soll sie schweigen zu dem Unrecht, das in Kambodscha oder in Laos, in der Sowjetunion und in China geschieht? Wenn sie schweigt, dann kann sie unbehelligt ihr kirchliches Leben fristen. Aber dann gilt: »Wenn das Weizenkorn nicht erstirbt, so bleibt's allein.« Solch eine schweigende Kirche ist kraft- und leblos. Sie wird unglaubwürdig, weil jeder sieht: Es geht ja auch ihr nur um ihr Überleben, um ihren Besitzstand – auf Kosten der Wahrhaftigkeit.
Wo die Kirche aber ohne Furcht, ohne Rücksicht auf ihren Bestand sagt, was ihr in einer bestimmten Situation aufgetragen

ist, da kann sie zur Märtyrerkirche werden; sie kann dann unter Schmerzen erfahren müssen, daß das Blut der Märtyrerkirche der Same der Kirche ist. Oder, um es in den Worten unsres Textes zu sagen: »Wenn das Weizenkorn erstirbt, so bringt es viel Frucht.« Gerade in verfolgten Kirchen finden nicht selten Menschen zur Kirche zurück, weil sie angezogen werden von der Überzeugungskraft selbstlosen Muts bei Christen, die ihr Leben riskieren um der Wahrheit willen.

Nun, in unseren Breiten ist die Kirche nicht in der Situation des harten Martyriums. Bei uns ist die Versuchung zur Selbsterhaltung der Kirche auf Kosten ihres Auftrags nicht so offensichtlich. Und doch ist sie da.

Da wird einer Kirchenleitung vom Staat angeboten, daß alle ihre Pfarrer automatisch vom Wehrdienst befreit werden. Das ist verlockend. Noch heute verspüren wir empfindlich die Lükken, die der letzte Krieg allein im Bereich der württembergischen Landeskirche in der Pfarrerschaft gerissen hat. Es ist verständlich, wenn eine verantwortliche Kirchenleitung solch ein Angebot nicht von vornherein zurückweist. Nur stellt sich da doch die Frage: Ist es in Ordnung, wenn künftigen Pfarrern im Unterschied zu ihren Altersgenossen die Entscheidung erspart wird, ob sie Wehrdienst leisten oder ob sie ihn verweigern wollen? Ist es vor dem Herrn der Kirche zu verantworten, wenn sie solche Privilegien in Anspruch nimmt?

Daß das Weizenkorn ersterben muß, um Frucht zu bringen, das heißt für die Kirche ferner, daß sie Kirche für andere ist. Das sagt sich leicht. Aber in der Praxis fällt uns das doch ungemein schwer. Für Kirchtürme und Glocken finden sich noch immer leichter freiwillige Spender als für den Aufbau einer weiterbildenden Berufsschule in Caracas.

Kritisch wird die Sache auch bei den Kirchenaustritten. Sie haben ja in den letzten Jahren rapide zugenommen. Wie reagieren die Kirchen darauf? Entweder sie sind beleidigt. Sie neh-

men es den Austretenden persönlich übel. Sie fürchten die finanziellen Einbußen und versuchen daher, abzuschrecken: Wer austritt, wird weder kirchlich getraut noch beerdigt.
Die andere Möglichkeit ist die, daß die Kirche sich an die eigene Brust schlägt und fragt: Was haben wir versäumt, wenn es uns offenbar nicht gelungen ist, diesen Menschen die Wahrheit Jesu so einladend zu machen, daß sie sich angezogen fühlten? Dann werden wir uns solchen Ausgetretenen gegenüber anders verhalten: in der Achtung vor dem redlichen Schritt eines Menschen mit anderer Überzeugung. Zugleich in der Bereitschaft, das Gespräch nicht abreißen zu lassen oder neu anzuknüpfen. Unsere Zeitgenossen haben ein sehr waches Gespür dafür, ob es der Kirche bei einem solchen Dialog nur darum geht, Mitgliederzahlen und Steuergelder wieder anzuheben, oder ob es ihr um die Menschen und deren Heil geht, mit denen sie zu tun hat.
Durch das Wort vom Weizenkorn will uns Jesus die Sorge um den eigenen Bestand abnehmen; er will uns Mut machen, für andere dazusein. Auch dann, wenn wir dabei die Verlierer sind.
Zum kirchlichen Selbsterhaltungstrieb gehört schließlich auch, daß wir die überkommenen Formen, Sitten und Regeln ängstlich und verkrampft festhalten. Wir meinen etwa, die Kirche sei in ihrer Existenz bedroht, wenn Formen des Gottesdienstes abgeändert werden. Wir halten es dann für unsere Pflicht, mit dem Rücken zur Wand dafür zu kämpfen, daß die in der Vergangenheit bewährten Formen und Formeln unverändert erhalten bleiben.
Da hat eine Gemeinde einen Wochenschlußgottesdienst lange Zeit hindurch treulich abgehalten. Aber es kommen immer weniger Leute; zuletzt sind es nur noch drei oder vier. Aber man traut sich nicht, ihn abzuschaffen. Man hielte das für Treulosigkeit. In Wirklichkeit ist solches Beharren nicht Treue,

sondern Mut- und Phantasielosigkeit. Der Grund für den Rückgang des Besuchs war in diesem Fall nicht wachsende Gottlosigkeit, sondern ein Wandel von Angebot und Nachfrage. Als jene Gemeinde das erkannt hatte, faßte sie sich ein Herz und ließ den Gottesdienst in der offensichtlich nicht mehr einladenden Form redlich sterben. Statt dessen erprobte sie ökumenische Gottesdienste, bei denen ein bisher sträflich vernachlässigter Personenkreis stark angesprochen und zur Mitarbeit ermuntert wurde: die in konfessionell gemischten Ehen lebenden Gemeindeglieder.

Auch auf diesem Gebiet kann uns das Wort vom Weizenkorn ermutigen. Das alte Weizenkorn muß sterben. Seine Lebenskraft beweist sich gerade darin, daß es der neuen Pflanze Platz macht. Gott will Neues und Größeres schenken.

In alldem geht es um nichts anderes als darum, daß unser Leben als Christen, unser Leben in der Kirche nur dann lebenswert und gewichtig ist, wenn wir befreit sind von der Sorge um uns selber, befreit zu einem Leben für andere.

Herr, wir fürchten, zu kurz zu kommen, wenn wir uns für dich und für unsre Mitmenschen hergeben.
Gib uns den Mut zu Opfer und Verzicht.
Herr, wir sorgen uns um den Bestand der Kirche, wenn sie Kirche für andere wird.
Gib uns die Kraft der Liebe.
Laß und erfahren, daß du gerade da neues Leben gibst, wo wir scheitern.
Wir danken dir, daß du uns hörst. Amen.

Theo Sorg

Schatz im Acker / Kostbare Perle

Matthäus 13, 44–46

Es ist eine ausgesprochen ungewöhnliche Geschichte, die ich vor einiger Zeit irgendwo gelesen habe: Bei einem Mann war infolge eines Unfalls und durch den Schrecken, den er dabei erfahren hatte, eine Lähmung des Sehnervs eingetreten. Welchen Arzt er auch aufsuchte, was immer er unternahm – er war und blieb blind. Bis eines Tages bei einem schweren Gewitter der Blitz in das Haus einschlug, in dem er sich befand. Der darauf folgende Donnerschlag war so ungeheuerlich, daß der Schreck, den der Blinde dadurch bekam, seine Lähmung löste und er plötzlich wieder sehen konnte.
Es war nun für ihn, wie wenn er neu geboren wäre. Die Welt mit all ihrer Schönheit ging ihm ganz neu auf. Während es vorher dunkel um ihn gewesen war und er sich alles von anderen Menschen beschreiben lassen mußte, sah er jetzt die Welt in strahlendem Licht und konnte sich frei und ohne die Hilfe anderer bewegen. Kein Wunder, daß eine überströmende Freude diesen Menschen erfüllte. Blind sein – und dann wieder sehen können: das ist etwas vom Größten, was sich denken läßt. Das kann im Grunde nur der nachfühlen, der in einer ähnlichen Lage war.
Auf einer anderen Ebene verhält es sich mit uns Menschen ebenso wie mit diesem Blinden, der sehend geworden war. Es fing auch mit einem Unfall an. Von diesem Unfall berichtet uns die Bibel auf ihren ersten Blättern in der Geschichte vom Sündenfall. Auch da ist eine Lähmung des Sehnervs die Folge gewesen. An dieser Lähmung leiden wir Menschen bis heute.

Wir sind blind geworden für Gott. Wir haben keinen Blick mehr für ihn. Gott bezeugt sich fortwährend in unserer Welt. Er gibt uns sein Evangelium, lädt uns ein zu sich, er begegnet uns in Gnade und Gericht – und wir sehen es nicht. Für uns ist das kein Wert, nichts, wofür wir etwas einzusetzen bereit sind. Ja, allermeist nehmen wir es gar nicht wahr.

Daß uns das wieder aufgeht, daß wir wieder sehen lernen und den Blick freibekommen, dazu muß auch an uns zuerst ein Wunder geschehen. Dazu bedarf es zunächst einer großen Entdeckung, und dann ist da eine ganze Entscheidung zu treffen. Wie das zugeht, das will uns ein Gleichnis Jesu aus dem Matthäusevangelium sagen:

»Das Himmelreich ist gleich einem verborgenen Schatz im Acker, welchen ein Mensch fand und verbarg ihn; und in seiner Freude darüber geht er hin und verkauft alles, was er hat, und kauft den Acker.

Abermals ist das Himmelreich gleich einem Kaufmann, der gute Perlen suchte, und da er eine köstliche Perle fand, ging er hin und verkaufte alles, was er hatte, und kaufte sie.«

Es gilt, eine große Entdeckung zu machen

Jesus erzählt hier von einem Bauern, der seinen Acker pflügt, wie er es schon immer getan hat. Er zieht seine Furchen und denkt sich nichts dabei, so wie auch wir unserer täglichen Arbeit nachgehen, ohne uns besondere Gedanken dabei zu machen. Die Arbeit füllt uns aus. Was brauchen wir mehr? Sogar sein Christsein und seinen Glauben kann man auf diese altgewohnte und gedankenlose Art pflegen. Man hat seinen Glauben, so wie man sein Bankkonto hat. Man pflegt sein Christsein, so wie man diese und jene Bekanntschaft pflegt: gewohnheitsmäßig, ohne sich weitere Gedanken darüber zu machen.

Und da geschieht es nun bei dem pflügenden Bauern, daß er plötzlich auf ein Hindernis stößt. Etwas Hartes ist dem Pflug im Wege, vielleicht ein großer Stein, der ihn bei der Arbeit hindert. Möglich, daß der Bauer zuerst kräftig gewettert hat über diesen unliebsamen Aufenthalt. Man läßt sich ja nicht gerne unterbrechen bei seiner Arbeit. Und wie er sich ärgerlich niederbeugt, um das Hindernis zu entfernen, da findet er eine alte Truhe, angefüllt mit so vielen Silberstücken, daß ihm schwindlig wird vor den Augen. Vielleicht hat jemand in Kriegszeiten diesen Schatz hier vergraben und ist darüber gestorben. Die Sache wurde vergessen, und nun ist dieser Bauer, der an nichts gedacht hat, der glückliche Finder.

So kann es gehen mit dem Himmelreich. Da hat Gott, längst ehe wir geboren waren, seinen Sohn in diese Welt gesandt. Dieser Jesus Christus, der menschgewordene Gott, hat Gottes Einladung zum Himmelreich auf unsere Erde gebracht. Seitdem gibt es unter uns das Evangelium, die gute Nachricht von dem Gott, dem wir Menschen nicht gleichgültig sind, der keinen vergißt und übersieht, vor dem wir keine Nummern sind, sondern einen Namen tragen, bei dem er uns ruft.

Freilich ist dieses Evangelium, wie Paulus einmal sagt, ein »Schatz in irdenen Gefäßen«. Ein Schatz, dem man von außen gar nicht ansieht, was er wert ist und wieviel er in einem Menschen bewirken kann.

Da haben wir vielleicht von Kind auf die Geschichten des Evangeliums gehört und sind ihnen auch später immer wieder begegnet; aber die Augen sind uns nicht aufgegangen für den Herrn, der in diesem Evangelium redet. Sein Wort blieb stumm – und wir leben weiterhin in den Tag hinein, als ob es Gott nicht gäbe. Bis dann auf einmal, ganz unversehens und völlig überraschend, ohne jede Voranmeldung der »Donnerschlag« in unserem Leben ertönt, der uns die Augen öffnet für Jesus Christus und sein Wort, für das Himmelreich, so wie es hier im Matthäusevangelium heißt. Vielleicht geschieht das bei einem Gottesdienst oder bei einer Morgenfeier, daß ein Wort der Verkündigung und Auslegung mich so trifft, daß ich ihm nicht mehr ausweichen kann, oder ich begegne im Alltag einem Menschen, der mir die Augen öffnet für dieses Neue. Aber es kann auch sein, daß es buchstäblich so zugeht wie in unserem Gleichnis, daß wir nämlich auf der Fahrt durchs Leben irgendwo anstoßen und nicht mehr weiter können. Eine Krankheit, ein schweres Leid, ein harter Schicksalsschlag, eine abgrundtiefe Enttäuschung – das sind lauter Dinge, an denen wir hängenbleiben können, so wie der pflügende Bauer hängenblieb. Und wenn wir uns dann ärgerlich über dieses unvermutete Hindernis niederbeugen, dann werden wir gewahr, daß das Schwere, das uns da begegnet, das uns aufhält auf dem Weg, vergleichbar ist mit jener Truhe, in der Gottes Schatz für uns verborgen liegt. In so manchen äußerlich sinnlos scheinenden Klötzen und Hindernissen unseres Lebens sind Gottes Schätze verborgen, die es zu entdecken gilt. Vielen Menschen ist gerade durch ein solches Hemmnis das Himmelreich erschlossen worden. Aber man muß es entdecken. Jede Krankheit, jede Enttäuschung, jedes Leid will nach seinem tiefen Sinn, nach seinem Gehalt durchsucht und gefragt werden. Gehen wir doch nicht so achtlos an den Krisenpunkten unseres Lebens vorbei! An den Hindernissen, auf die wir in unserer Gesundheit, in unserer Familie, in unserem beruflichen Alltag stoßen. In alledem redet Gott, in alledem kann ein Stück vom Schatz des Evangeliums verborgen liegen. Und wenn wir das entdeckt haben, dann werden wir in vielen Fällen merken, daß der Gewinn ungleich schwerer wiegt als der Verlust.

Man kann diesen Schatz des Evangeliums freilich auch auf andere Weise entdecken. Das erzählt Jesus in dem anderen der beiden Gleichnisse vom Himmelreich. Da ist ein Kaufmann, der mit Edelsteinen handelt; einer, der etwas versteht von Perlen und von Diamanten. Eine merkwürdige Unruhe hat diesen Mann umgetrieben. Er war nicht zufrieden mit dem, was er hatte. Immerfort war er auf der Suche nach noch kostbareren Steinen, nach noch wertvolleren Perlen. Und als er ein ganz seltenes Exemplar entdeckt hatte, war es um ihn geschehen. Sein Leben und Streben hatte fortan nur noch ein Ziel: diese eine kostbare Perle zu besitzen. Alles andere wurde diesem großen Ziel untergeordnet.

So sind wir Menschen: die einen selbstgenügsam, die anderen strebsam. Die einen zufrieden mit dem, was der Markt des Lebens an jedem Tag bietet, die anderen rastlos unterwegs auf der Suche nach dem großen Glück, nach der letzten Erfüllung, weil sie sich mit dem, was das Irdische bietet, nicht zufriedengeben. Und beiden kann Gott in den Weg treten, beiden kann er so begegnen, daß sie ihn entdecken, daß ihnen die Augen aufgehen für das, was ein Menschenleben wirklich ausfüllt. Gott kann den Selbstzufriedenen und Weltzufriedenen in den Weg treten und dafür sorgen, daß sie auf ein Hindernis treffen, so wie es dem pflügenden Bauern geschah. Und er kann solchen Menschen begegnen, wie der Kaufmann einer war, die aufrichtig und ehrlich nach etwas suchen, wofür sich der ganze Einsatz lohnt.

Jesus will hier zeigen, daß es viele Möglichkeiten gibt, den Schatz des Evangeliums zu entdecken. Gottes menschensuchende Liebe kennt kein Schema. Gott ist auch nicht auf eine bestimmte Methode festgelegt, um Menschen die Augen für seine Herrschaft zu öffnen. Er kann sehr verschiedene Wege mit uns gehen, bis unser Fuß schließlich an den Schatz stößt, bis wir die eine Perle in der Hand halten. Der eine wächst in einem christlichen Elternhaus auf und steht schon in jungen Jahren als Mitarbeiter in einer lebendigen Gemeinde. Der andere kann von langen Irrfahrten erzählen, bis auch er anbetend vor dem gekreuzigten und auferstandenen Herrn steht, so wie wir es heute unter jungen Menschen vielfach erleben. Dem einen fällt dieser Schatz gewissermaßen ungesucht zu, der andere muß in ruhelosem Unterwegssein viele Wege gehen, auch Irrwege und Fehlwege, bis er endlich die große Entdeckung seines Lebens macht. Gottes Plan führt den einen auf geraden und ebenen Straßen, einen anderen läßt er schwere Wege gehen, deren Sinn er nicht zu erkennen vermag. Und beidemal steht am Ende das Finden. Jesus Christus läßt sich finden. Das Evangelium läßt sich finden. Das neue Leben mit ihm läßt sich finden. Es ist mitten in dieser Welt, mitten in unserem täglichen Leben. Wir müssen uns nicht hineinsteigern in eine irgendwie geartete Religiosität. Hier, wo wir unser Leben führen, will Gott sich finden lassen. Es gilt, eine große Entdeckung zu machen.

Es gilt, eine ganze Entscheidung zu treffen

Offenbar genügt es noch nicht, wenn uns nur die Augen aufgegangen sind und wir Gottes Reich entdeckt haben. Wir müssen das Gefundene auch zu gewinnen suchen, wir müssen die große Entdeckung einbringen, damit sie unser eigen wird. Der Bauer und der Kaufmann handeln hier genau gleich: sie setzen beide alles auf eine Karte. Sie verkaufen, was sie haben, und erwerben den kostbaren Schatz. Und zwar tun sie das nicht mürrisch oder gezwungen, sondern aus einer unbändigen Freude heraus: »Und in seiner Freude darüber geht er hin und verkauft alles, was er hat, und kauft diesen Acker.« Wem die Augen aufgegangen sind für das, was Jesus Christus in ein Leben hineinlegen kann an Zufriedenheit und Sinnerfüllung, an Ruhe und Geborgenheit, bei dem bricht die Freude durch. Die Freude darüber, daß ich mit dem Höchsten im Bunde bin; daß ich zu ihm gehöre und er zu mir; daß ich nun von dem unseligen Alleinsein erlöst bin, wie Jochen Klepper das einmal in einem seiner Gedichte geschrieben hat:

Du darfst jetzt in ihm leben und bist nie mehr allein,
darfst in ihm atmen, weben und immer bei ihm sein.
Den keiner je gesehen noch künftig sehen kann,
will dir zur Seite gehen und führt dich himmelan.

Was die beiden Menschen in dem Gleichnis Jesu aus ihrer Freude heraus tun, das ist mehr, als man erwarten kann. Sie geben alles dran, sogar ihre eigene Existenz, am Ende sich selbst. Das nennen wir Hingabe. Die wahre Freude und die wahre Hingabe bedingen sich wechselseitig. Das ist ein Grundgesetz im Reich Gottes. Nur der kommt zur ganzen Freude, der zu ganzer Hingabe bereit ist, der das Risiko eingeht, sich selber aufs Spiel zu setzen. Halbe Christen sind immer freudlose Christen. Halbe Christen bleiben immer unzufriedene Christen. Nur die ganze Hingabe unseres Lebens an Jesus Christus löst in uns die ganze Freude aus. Das halbe, unentschiedene Wesen macht mürrisch und freudlos.

Die beiden Männer in unserem Gleichnis haben eine große Entdeckung gemacht. Jeder auf seine Weise. Beide haben sie dann eine ganze Entscheidung getroffen. Sie haben das weggegeben, was ihnen bisher das Höchste war, damit sie das Allerhöchste gewinnen. Jeder von uns weiß, was für ihn der Höchstwert seines Lebens ist. Jeder weiß, woran sein Herz hängt. Jeder weiß, was in seinem Leben Gott im Wege steht. Das gilt es loszulassen. Und zwar ganz. Dann kann in unserem Leben die Freude einziehen. Dann lernen wir auch, was Freiheit ist, Freiheit der Kinder Gottes. »Die Freiheit und das Himmelreich gewinnen keine Halben.«

Wolfgang Cramer

Brot

Johannes 6, 22–56

Den alten Ägyptern wird ein eigenartiger Brauch nachgesagt: Während eines festlichen Essens ließen sie ein Totenbild herumreichen; an die Gäste erging die Aufforderung, jetzt, im Anblick des Totenbildes, möge man erst recht gut essen und den Wein genießen. – Die Nachricht darüber verdanken wir dem griechischen Schriftsteller Herodot, der bei seinen ausgedehnten Reisen alles aufzeichnete, was ihm denkwürdig erschien. Jene Sitte der Ägypter sollte offenbar jedem ermöglichen, seinen Teil am Leben bewußter und intensiver zu genießen. Der Tod, der große Begrenzer und Beschränker, soll Appetit zum Leben machen.

Iß, um leben zu können. Ja! – Gut essen, um gut leben zu können. Schön! Aber sich ausgerechnet von dem den Anstoß geben zu lassen, das gar kein Leben mehr hat? Sich anregen zu lassen von dem, der das Leben bestreiten will? Ist das nicht widersinnig? Wird da der Tod am Ende zum Regisseur auf der Lebensbühne? Freund Hein als Meister der Konjunktur? Ich meine jetzt nicht nur den Totengott der alten Ägypter; ich denke an das Bild des Totengottes, wie es in Gestalt von Bildern und Berichten über Verbrechen oder Krebs, von Reportagen über Sex oder Haschisch herumgereicht wird und unser Bewußtsein in Anspruch nimmt.

Warum können diese Bilder des Tödlichen oder des Nichtigen, auch wenn sie oft Ausdruck des Ekels und des Überdrusses sind, dennoch als Appetitanreger fungieren? Hat man dem

Nichts ins Auge geschaut und setzt nun Akzente dagegen, indem man versucht, das Leben durch Essen, Trinken, durch Genießen und Verbrauchen festzuhalten, ehe es entgleitet? Wird die Angst vor der Vergänglichkeit durch intensiveres Leben aufgewogen oder verdrängt, das Tempo des Lebens je nachdem gesteigert? Und wer das Nichts auch so noch ungern ins Auge fassen sollte, mag er versuchen, den Genuß ins Hemmungslose zu steigern, mag er Vitalität und Konsum für das Leben selbst, mag er Traum und Rausch für seine Erfüllung halten!
Vermeiden wir es jetzt abzuschweifen, um eilig naheliegende Erklärungen für diverse Zeiterscheinungen zu finden. Ersparen wir es uns und anderen, Erscheinungen morbider Kultur zu konstatieren. Wenn wir vom Genießen des Lebens reden, so setzen wir dies noch nicht mit dem gleich, was Reportagen über moderne Freizeitgestaltung uns glauben machen möchten. Mag alles sein: Es gibt Dinge, die man sich nicht gerne vorstellt und besser auch nicht vorstellen sollte; auch wird es wenig geben, worauf menschliche Phantasie nicht kommen wird. Aber lassen wir das Werten und fragen wir weiter: Die kümmerlichen Versuche, der allzuschnellen Faszination durch das Nichtige und Bedrohliche zu entgehen – das oft verzweifelte Bemühen, dem etwas entgegenzusetzen –, das alles ist ja wohl ein Stück Lebens-Bewältigung, ein gutes Stück sogar – solange es nichts Besseres gibt!
Menschen, die öfters im Leben überrumpelt worden sind, sei es von Entwicklungen, sei es von anderen Menschen, sei es durch eigene Gefühle – Menschen, die sich nicht mehr überrumpeln lassen wollen, greifen zur Skepsis. Und eine gute Portion Skepsis, nüchternes, prüfendes, kritisches Betrachten im Lauf der Dinge, ist wohl nötig, um nicht mitgerissen zu werden. Aber wo gibt es die Skepsis, die auch der Angst und der Verzweiflung noch den Stachel einzudrücken vermag? Gibt es jene lebensrettende Skepsis, die die Gitterscheibe locker macht

im tödlichen Gefängnis der Notwendigkeit und der Aussichtslosigkeit?

Wir Menschen sind wohl die einzigen Lebewesen, die wissen, daß sie sterben müssen. Den eigenen Tod zu wissen, könnte ein Zeichen der Freiheit sein. Doch es scheint sich umgekehrt zu verhalten: Die Faszination durch all das, was mit dem Tod zusammenhängt, wirkt sich eher lähmend aus.
Es gibt da eine kleine Episode – sie wird Martin Luther zugeschrieben –, aus der deutlich wird, was es heißt, Argumente zu suchen, nicht gegen den Tod, wohl aber gegen die Lähmung durch den Tod. Die Argumente sind – könnte es anders sein? – mitten aus dem Leben gegriffen. Es wird also berichtet, Luther sei einmal gefragt worden, was er denn tun würde, wenn er wüßte, daß morgen die Welt unterginge. Er habe geantwortet: Ich würde noch heute ein Bäumlein in meinen Garten pflanzen. – Hat er sich von dem Ernst, der hinter der Frage stand, gar nicht beeindrucken lassen? Oder besteht das Großartige der Entgegnung darin, daß einer dem universalen Tod-Ernst gegenüber ein Stück alltäglichen Lebens ausspielt – ein Stück Lebensvollzug als stärkstes Argument gegen die Macht des Todes in der Hoffnung, es möge standhalten . . . Und nicht nur als Argument, sondern als ein Stück positiven Protestes gegen den Tod! Noch einen Tag! Es reicht zum Pflanzen; das füllt diesen Tag aus und läßt keinen Raum für das Entsetzen.
Diese Haltung, auch dem, der alles zerfallen läßt, noch den Stachel einzutreiben, diese Skepsis gegen die Skepsis, ist sie nicht eine Provokation, endlich das Leben auf Kosten des Todes ernst zu nehmen?
Den Dichter Gottfried Benn muß jene Episode gereizt haben, ganz spielerisch die Übersetzung in den Ernst des Lebens zu wagen. Er dichtete:

Was meinte Luther mit dem Apfelbaum?
Mir ist es gleich – auch Untergang ist Traum –
Ich stehe hier in meinem Apfelgarten
Und kann den Untergang getrost erwarten –
Ich bin in Gott, der außerhalb der Welt
Noch manchen Trumpf in seinem Skatblatt hält –
Wenn morgen früh die Welt zu Bruche geht,
Ich bleibe ewig sein und sternestet –
Meinte er das – der alte Biedermann, –
Und blickt noch einmal seine Käthe an?
Und trinkt noch einmal einen Humpen Bier
Und schläft, bis es beginnt – frühmorgens vier?
Dann war er wirklich ein sehr großer Mann,
den man auch heute nur bewundern kann.

Haus, Garten, Bier, Schlaf, Frau und Kinder . . . das, was jetzt ist, das zählt allein – und nicht der Untergang der Welt von morgen (-früh). Der Frage ist ihr Entsetzliches genommen. Etwas Kleines, Alltägliches, etwas ohne „Ewigkeitswert", etwas mitten aus dem Leben ist ins Auge gefaßt und der letzten großen Frage ohne Antwort entgegengehalten.

Das war die Geschichte mit Martin Luther. Doch wir sind gefragt, und unser Fragen wird in etwas anderer Richtung (noch) gehen: unser Problem ist weniger das Ende, das herzustellen oder hereinbrechen zu lassen wir sowieso fast jederzeit imstande sind. Unser Problem ist nicht das bevorstehende Ende, das alles hinwegrafft, was wir auf die Beine gestellt und dem Leben an Sinn abgewonnen haben. Unser Problem geht eher in die Richtung: Wie werden wir mit der Endlosigkeit der Zeit fertig, mit der Leere oder mit der Sinnlosigkeit dessen, was wir fertiggebracht oder auch nicht fertiggebracht haben? Wie entrinnen wir dem, uns von der Endlosigkeit der Zeit faszinieren und deprimieren zu lassen? Wie können wir unsere Skepsis so weit vorantreiben, daß wir nicht nur der Vergänglichkeit

und Hinfälligkeit, sondern auch der Leere und dem Sinnlosen standhalten oder gar einen Spalt finden, es aufzubrechen?
Ich möchte es so beschreiben: Über uns bricht weniger eine unbekannte und plötzliche Zukunft herein; vielmehr müssen wir das, was wir fertiggebracht und geschaffen haben, auch wieder loswerden. Wir müssen von den Positionen, die wir einmal eingenommen und gehalten haben, wieder wegkommen. Uns hilft nur noch die Befreiung von den Produkten unserer Mühe und Arbeit, der Hände und des Denkens, damit wir unser Leben – soweit wir es selber beherrschen und soweit es uns beherrscht – mit Anstand verbrauchen und das, was wir nicht brauchen können, mit Anstand auch wieder loswerden. Das bedeutet: Wir müssen nicht nur begreifen, sondern auch eingeübt werden in den Gedanken, daß Leben nicht konservieren, sondern verbrauchen heißt; daß sich in der Spannung des Verbrauchens, im Festhalten und Loslassen, im Aufsteigen und Fallen, wahres Leben schenkt.

Hat uns das Fragen soweit gebracht, daß wir Leben nicht mehr einfach als das Gegenteil von Vergänglichkeit begreifen, dann ist auch das, was die Bibel mit Ewigkeit oder »ewigem Leben« meint, nicht einfach als die erklärte Kehrseite der zerrinnenden Zeit zu denken. Dann schließen sich Gottes Ewigkeit und des Menschen Vergänglichkeit nicht mehr aus, wie sich Feuer und Wasser ausschließen. Dann läßt es sich denken, daß Gottes Ewigkeit einmal in der zerrinnenden Zeit faßbar wird, ohne daß wir aus der Zeit, aus der Welt, aus dem Leben ausbrechen müßten oder so tun, als ginge uns dieses Leben nichts an, und dann unwahrhaftig werden. Dann ist der Gedanke denkbar, daß Menschen am wahren, echten, sagen wir: am »ewigen Leben« teilhaben können, ohne daß sie Götter werden müssen – wie uns die griechischen und anderen Sagen erzählen. Dann ist der alte Traum der Menschheit, in den Himmel aufsteigen zu müssen, nicht erfüllt, sondern überholt – weil es denkbar ist, daß Mensch und Gott auf derselben Seite des Lebens stehen, auf derselben Seite des einen Lebens, das nun nicht mehr geteilt zu werden braucht in ein vorläufiges und ein endgültiges Leben.

Wenn Karl Marx einmal gesagt hat, die Philosophen hätten die Welt nur verschieden interpretiert, es komme darauf an, sie zu verändern ... und wenn viele heute sagen: sie ist nun lange genug interpretiert worden, es ist höchste Zeit, sie zu verändern – dann drehen wir den Satz um und sagen: man hat lange genug versucht, die Welt zu verändern – und sie ist anders geworden; laßt uns endlich versuchen, sie neu zu interpretieren, ehe sie auseinanderfällt ... versuchen, sie weder zu vergötzen noch zu verteufeln, sie weder zu überschätzen noch zu gering zu achten, sondern sie zu sehen als das, was sie ist: eine Welt des Verbrauchens und des Verbrauchtwerdens, eine Welt des Vergehens und – welch ein Glück! – auch des Vergehenlassens. Laßt uns die Welt, laßt uns das vergängliche Leben als Zeichen sehen und erfahren, als Zeichen für das wahre Leben. Und wenn wir »Leben« sagen, dann betonen wir den Mehrwert des Lebens gegenüber dem Vegetieren, dann meinen wir den Überfluß, der das Leben ausmacht und den wir geheißen sind zu verbrauchen; dann halten wir diesen Überfluß als Thema des Lebens fest – gegen den Anspruch des Mangels und der Not.

Sie kennen wohl alle die Geschichte von den fünftausend Menschen, die Jesus gespeist hat. Im Johannesevangelium wird erzählt, die Leute seien beeindruckt und bereit gewesen, auch an ein weiteres Wunder zu glauben, an weitere Eingriffe, die ihrem Hunger und ihrer Sehnsucht nach Sicherheit und Geborgenheit ein Ende bereiten würden. Jesus habe sich einer Wiederholung des Wunders entzogen, heißt es. Er sagte: Ich bin das Brot des Lebens. In dem geschilderten Streitgespräch legt Johannes Wert darauf, deutlich zu machen, daß die Frage, die Bitte, die Sehnsucht nach dem Brot des Lebens – nach den unvergänglichen und unzerstörbaren Lebensmitteln überholt ist, weil in Jesu Gegenwart nicht mehr der Mangel, der Hunger, die Sehnsucht – all diese Attribute der Vergänglichkeit Ausgangspunkt und Thema sein können, sondern das Leben selbst die Möglichkeit, in den vergänglichen Umständen, in der zerrinnenden Zeit all das zu verbrauchen, was das Leben bietet; die Welt in ihrem Verbrauchscharakter als Zeichen zu nehmen für das Leben (nicht für den Tod); so wie Brot das Zeichen dafür ist, daß der Hunger als Thema abgelöst ist. Das Brot ist nicht das Leben selbst, aber indem es verbraucht wird, wird es Mittel zum Leben.

»Ich bin das Brot des Lebens, wer zu mir kommt, den wird nicht hungern, und wer an mich glaubt, den wird nimmermehr dürsten.« Das heißt nicht, daß Hunger und Durst vergehen; sie gehören zum Leben wie die Nacht zum Tag. Aber Hunger und Durst, Sehnsucht und Not hören auf, Motor des Lebens, beherrschendes Thema zu sein.
Es ist nicht bloß denkbar, es dürfte von den technischen Voraussetzungen her heute schon möglich sein, viel Hunger und Durst auf der Welt zu stillen. Ich halte es für möglich – und deshalb für selbstverständlich! An uns wird es sein, die Sehnsucht nach Brot und die Verzweiflung über ein menschenunwürdiges Dasein weithin überflüssig zu machen. Auch darüber wird – hoffe ich – kein Streit sein, daß viele Verhältnisse geändert werden müssen. Auch darüber nicht, daß wir sie ändern müssen. Voraussetzung dafür wäre allerdings, daß wir nicht dauernd die Not eingepaukt bekommen, und daß unser Leben nicht ausschließlich in seinem Ernst und der finsteren Entschlossenheit zu helfen besteht. Voraussetzung wäre, daß wir nicht

mehr von der Not, sondern mehr davon reden, was uns Spaß macht, weil wir auf das blicken, was wir haben und was wir können.

Ich glaube, wir kommen um Jesus nicht herum, weil er gerade nicht auf unsere Not hinweist, sondern auf das, was wir können. Jesus steht als Zeichen, daß Gott uns das Leben und die Welt, die Menschen und die Dinge gegeben hat, um den Überfluß zu verbrauchen und im Verbrauchen Leben zu gewinnen. Jesus steht als Zeichen dafür, daß wir es darauf ankommen lassen, die Erfahrung zu machen, daß in der Flüchtigkeit unseres Daseins Gott uns Menschen begegnet und sich mitteilt, dort, wo kein Beweis und kein Gegenbeweis mehr gegeben wird.

Wenn Christus sagt: Ich bin das Brot des Lebens . . ., dann sagt er es nicht aus einer guten Erfahrung heraus; er sagt es als eine Bestimmung, als unsere Bestimmung, weil Christus es für möglich hält,

daß Menschen Zeit haben werden füreinander, obwohl ihre Zeit verrinnt und sie ihre Zeit ausgeben;

daß Menschen einander ein Lächeln schenken, obwohl so vieles zum Heulen ist;

daß einer die Menschen und die Dinge loslassen kann, obwohl immer noch das Festhalten als Zeichen von Stärke gilt.

Das traut Christus uns zu. Er ermutigt uns, daß wir das Leben, daß wir die Liebe, die wir einander schenken, verbrauchen wie Brot, und davon leben; daß wir eines dem andern zum Brot seines Lebens werden, das verbraucht wird – zum Leben; ja – daß wir Gott selber verbrauchen und einer dem anderen ein Christus werde.

Das traut Christus uns zu, nicht, obwohl wir Menschen sind, sondern, weil wir Menschen sind, weil wir dazu da sind.

So lassen Sie uns also Skeptiker werden gegenüber dem Tod und Provokateure des Lebens – weil wir vom Überfluß, vom Mehr, vom Leben gewonnen haben.

Gerhard Marcel Martin

Licht

Johannes 1, 4. 5. 9; 8, 12; 12, 36

Adventszeit und Licht der Kerzen gehören zusammen. Sie brennen auf den Adventskränzen und den Kaffeetischen, in den Kirchen und – elektrisch – an den Tannenbäumen vor den Hauptbahnhöfen und in den Geschäftsstraßen.
In diesem Licht prüfen wir Warenangebote und sehen, wo Kaffee und Kuchen auf dem Tisch stehen. Wenn wir nicht ganz beschäftigt sind mit Kuchen und Waren, sehen wir in diesem Licht vielleicht auch andere an: Freunde und Fremde, die mitessen und mitkaufen. Und irgendwo ahnen wir, daß Licht mehr bedeutet als Helligkeit. Daß es ein Zeichen der Wärme und der Nähe, ein Symbol des Lebens selbst ist. Dieses Licht aber ist mehr gefährdet als unsere Advents- und Weihnachtslichter, die abbrennen oder durch Kurzschluß ausgehen können. Ein kleines symbolisches Spiel von der Macht und der Ohnmacht dieses Lichts soll dies verdeutlichen:

Ich bin der kalte Wind. Ich blase das Licht aus. Ich vertreibe Wärme und Nähe. Ich wehe durch alle Ritzen. Ich komme in alle Ecken.
Ich bin der kalte Wind der Vergänglichkeit. Da war eine Puppe, nun hat sie die Beine ab. Da war Liebe, nun ist alles schal und kalt. Da war ein Einverständnis, nun verstehen sie sich nicht mehr. Da war eine große Hoffnung, jetzt ist Resignation und Müdigkeit da. Da war Glaube, jetzt mußte er dem Spott und der Skepsis weichen.
Wärme wird Kälte, Nähe wird Ferne. Ich blase alles Licht aus.

Herr, du bist das Licht der Wärme und der Nähe. In allem Vergehen. In aller Kälte. Du steckst uns an mit neuem Lebensmut, wenn Hoffnungen enttäuscht sind, wenn Liebe und Nähe abebben, wenn sie in die Krise geraten und neue Weisen des Zusammenseins gefunden werden müssen. Und wenn wir mit unserem Glauben vor der Welt und vor uns selbst – und erst recht vor dir – nicht mehr durchkommen, hilfst du uns zu tieferem Verstehen.
Ich habe ein Licht der Nähe und der Wärme. Die nächste Schlappheit, die nächste Mutlosigkeit, die nächste Enttäuschung kommen, aber ich werde sie bestehen, weil ich weiß, daß ich im Einflußbereich Christi lebe.

Ich bin das Dunkel. Ich dulde kein Hoffnungslicht. Ich verschlucke das Liebeslicht. Ich bin die große Leere, gegen die kleine Lichter mit ihrem bißchen Wärme nicht ankommen. Ich bin der Krieg und der Tod und die Gefangenschaft, der Hunger, die Beleidigung, die Verachtung, der Schmerz. Da war Mut und Übermut in einem jungen Leben. Nach dem Unfall sieht alles ganz trostlos aus. Da gibt es Friedensverhandlungen seit Jahren, aber das Bombardement und der Terror nehmen zu von Tag zu Tag. Da könnten Kinder sein, die sich auf Weihnachten freuen – aber Hunger und Krankheit wird sie Weihnachten gar nicht erst erleben lassen. – Ihr könnt nicht an gegen mich! Das kleine Licht lohnt nicht. Es ist ohnmächtig. Ich lösche es aus.

Herr, du bist das Licht des Lebens für die hoffnungslosen Fälle. Du bist kein Zauberer, aber du läßt leben und weiterleben ohne Verbitterung – und du schenkst Versöhnung mit der Macht des Todes, die uns alle trifft. – Du wirkst zwar ohnmächtig angesichts der Macht von Besitz und Politik. Du kannst nicht der Garant der Weltordnung, ihrer Gewalt- und Geld-

verteilung sein! Dennoch haben wir das Licht des Lebens von dir!
Ich habe ein Licht gegen das Dunkel, im Dunkel, in der Leere gegen die Leere. Das Licht zaubert Krankheit und Tod, Krieg und Hunger nicht weg, aber es widerspricht ihnen, es leuchtet gegen sie an. Es glaubt an die Macht des Lebens, an die Helle und hofft auf eine hellere Zukunft, auf eine Klarheit und Wachheit, die Müdigkeit und Dunkel endlich verschlucken.

Ich bin das Neonlicht der Erfolgreichen. Das Flutlicht in den Stadien der Metropolen, der Scheinwerferkegel auf den Pyramiden von Prestige und Leistung. Ich bin das Licht der »besser Situierten«. Ich überblende das Licht kleiner Kerzen. Macht und Geldverteilung rücke ich ins rechte Licht, und ich blende deren Kritiker.
Da war ein Mann arm – jetzt ist er Lottokönig. Da war einer Zeitungsjunge – jetzt ist er Generaldirektor. Da war einer ein Skrupulant – jetzt glaubt er an seinen Erfolg.
Ich leuchte die stillen Räume derer, die leiden und nach Gerechtigkeit hungern, taghell aus und vertreibe die Sanftmütigen und Friedfertigen. Bei mir gibt es keine Stufen zwischen vollem Leben und Tod, ich dulde keinen Hoffnungsschimmer, keine Lichter, die flackernd gegen Kälte und Dunkel ankämpfen. Entweder es ist hell – oder eben nicht! Wer es hell haben will, zu mir!

Herr, du bist ein seltsames Licht gegen die Kälte des Neonlichts. Du bist nicht der Vorsitzende der Erfolgreichen. Du bist Licht in den stillen Räumen der Nähe und der Enge, der Not und der schwachen, ohnmächtigen Liebe. Du bist ein verborgenes Licht, ein heimliches Licht, ein Licht, das man gar nicht erwartet hätte!
Ich habe ein verborgenes Licht, das gegen das blendende Licht

der Karrieremacher nichts – und doch alles ist. Licht, das das Dunkel und die Kälte nicht ganz besiegen werden!

Mir bleibt nicht viel zu sagen. Das Spiel sollte etwas zeigen. Es sollte für sich sprechen und spielen.
Advent, so läßt sich vielleicht sagen, will uns noch mehr verwickeln in den Kampf des Lichts gegen Dunkel und Kälte – genauso wie in den Kampf des Lichts gegen Superlichter, Feuerwerke, Blendwerke. Denn es gibt nicht nur einen Kampf zwischen Dunkel und Licht, Kälte und Wärme, sondern auch einen Kampf zwischen Licht und Licht, Wärme und Wärme. Weil es betrügerische Wärme und falsche Helle gibt.
Advent will uns mehr noch als sonst bewußt machen, daß wir – das ganze Jahr hindurch – in der Macht und der Ohnmacht des Lichtes der Liebe und des Lebens stehen. Ja, auch in der Ohnmacht.
Denn Adventszeit ist keine Frage der Stimmung, will uns nicht über unsere Lage hinweglügen und hinwegtrösten. Advent will nicht einduseln, sondern uns wach und wachsam machen. Der adventlich Gestimmte ist ein Realist, er rechnet mit seiner Wirklichkeit, mit der Wirklichkeit des Lichtes und der Wirklichkeit des Dunkels und der großen Kälte. Er ist »Realist«. Er »realisiert«, daß es das Dunkel und den Wind und das kalte Neonlicht der Karrieremacher gibt. Darum macht Advent, die Hoffnung auf die Kraft des Lichts und der Kampf um das Licht, den Schmerz schmerzlicher, den Tod tödlicher. Advent träumt hellwach wartend, hoffend und kämpfend in eine Welt hinein, in der es leichter ist zu leben, zu lieben und zu lachen.

Wer gibt uns den Mut und den Übermut zu solchem Traum!? Der, von dem das Johannesevangelium sagt, er sei das »Licht der Menschen«, das »wahrhaftige Licht«, das »in der Finsternis scheint«.

Der, der sich im Johannesevangelium selbst das »Licht der Welt« nennt und uns zu »Kindern des Lichts« machen will. Der Sieg, der Triumph dieses und unseres Lichts stehen aus. Das ist adventlicher Realismus.

Gewiß, es gibt die Ostersonne und den strahlenden Leib des Auferstandenen. Aber über dem Kreuz Jesu war Sonnenfinsternis. Und diese Sonnenfinsternis ist so lange nicht ganz vorbei, als Menschen weinen und gequält werden, als Stolz und Verzweiflung und nicht Gerechtigkeit, Friedfertigkeit und Lebensmut vorherrschen. Das Licht des Advents ist das Licht des Gekreuzigten. Gerade darum aber ist unsere Hoffnung auf die Kraft des Lichts und der Kampf um das Licht realistisch.

Johannes Kuhn

Tür

Johannes 10, 7–10

Erinnern Sie sich noch? Da hatte es harte Worte gegeben, und dann stürmte man aus der Tür; krachend schlug sie ins Schloß. Und dann saß man draußen, ein halbwüchsiger Bub, böse auf alle Welt. Man schlug, boxte, trommelte auf die Tür los, aber sie regte sich nicht. Und dann fiel einem das Schlüsselloch ein, dieses ironische Auge an jeder Tür. Aber es war geschlossen. Da saß man denn draußen, draußen vor der Tür, verzweifelt, und heulte.

Alltäglich passiert das doch, bei Ihnen und bei mir im Haus. Manchmal muß man darüber lächeln, aber dann gibt es Augenblicke, wo einem das Gleichnishafte daran aufgeht. Da kann sogar ein junger Dichter vor einer ganzen Generation draußen vor der Tür sprechen, und sie verstehen ihn alle.

Wolfgang Borchert – von ihm ist die Rede – hat dabei auch an das Gottesverhältnis vieler gedacht. Ich weiß nicht, ob das bei Ihnen so zutrifft. Aber jene Erfahrung werden Sie auch gemacht haben: Wo zwischen Gott und uns die Tür ins Schloß gefallen ist, da schließen sich auch andere Türen: von Nachbar zu Nachbar, von Stand zu Stand, Türen zwischen Arbeitgebern und Arbeitnehmern, zwischen Eltern und Kindern, Türen zwischen Menschen und Mitmenschen gehen zu. Eines Tages gehen an den Grenzen Schlagbäume nieder, trennende Mauern werden gebaut, eiserne Vorhänge werden heruntergelassen. Die Folgen im großen und kleinen kennen wir alle. Darüber brauchen wir jetzt nicht miteinander zu reden. Wohl aber müssen wir

davon sprechen, daß Gott es nicht bei den verschlossenen Türen bewenden ließ.
Ostern, die Auferstehung Jesu Christi, zeigt uns etwa die Umrisse der Tür, die er uns geöffnet hat. Nun leben wir nicht mehr hinter verschlossenen Türen als eine Gesellschaft, die angesichts von Tod und Vergänglichkeit nur das Stichwort »weitermachen« kennt. Nun ist der gekommen, der uns helfen wollte. Helfen konnte uns aber immer nur einer, der aus einem ganz anderen Raum kam, aus der Welt des ewigen Lebens. Sie liegen dicht beisammen und nebeneinander: der Raum, in dem wir leben, und der Raum Gottes – und doch durch Welten getrennt. Aber da ist nun die Tür. Sie teilt ab, und sie verbindet miteinander, und sie trägt diesen Namen: Jesus Christus. Ist Ihnen das zu versachlicht von Jesus gesprochen? Haben Sie den Eindruck, dies sei zu wenig, was da von ihm gesagt wird? Dann möchte ich Ihnen eine Gegenfrage stellen: Wer ist Jesus Christus für Sie? Ehe Sie antworten, sollten Sie der Frage einmal standhalten, bis sich Ihre, die zu Ihnen, zu Ihrem Leben, zu Ihren Erfahrungen gehörende Antwort einstellt. Eine Antwort, die Sie mit Ihrer Existenz decken können. Natürlich können Sie jetzt das Glaubensbekenntnis rezitieren oder den Katechismus aufsagen. Aber ich möchte jetzt Ihre Antwort. Es ist ja doch eigentümlich, daß Christus selbst sehr differenziert von sich geredet hat, gerade im Johannes-Evangelium, so, als wollte er für die vielfältige und vereinzelte Not die jeweilige Hilfe sein. Oder ist es anders zu verstehen, wenn er von sich sagt: Ich bin das Licht der Welt. Ich bin der gute Hirte. Ich bin das Brot des Lebens. Ich bin die Auferstehung und das Leben. Ich bin der Weinstock. Ich bin der Weg, die Wahrheit. Ich bin der Erste und der Letzte. Ist das nicht ein Anfang, der auf Entfaltung wartet, auf Ihre und meine Antwort, die wir mit Gleichnissen aus unseren Tagen ihn bekennen? Seine Selbstaussagen machen uns Mut dazu. Es ist möglich, daß es dort, wo wir in einem Bild

Macht hoch die Tür ESG 20

unserer Tage von ihm reden, anderen leichter fällt, an ihn zu glauben. Was Sie und ich hier brauchen, ist eine an Christus gebundene Phantasie.

Ein junger Christ sagt das so: »Ich möchte den Mut zum Experiment haben, zum Experiment des Kontaktes mit Menschen, die weit weg sind von der verfaßten Kirche, zum Experiment mit meiner Begabung, ob sie nicht weiter reicht, als ich denke, zu dem Experiment, mir neue Bereiche des Wissens, Könnens und Dienens zu erschließen, zum Experiment des genaueren Gehorchens in Dingen der Zeit, der Kraft und des Geldes, zum Experiment der mit leichter Hand geübten Askese, die alle Gesetzlichkeit meidet« (E. Lange). – Aber nun wollen wir einmal eine solche Selbstaussage Jesu hören. Sie war übrigens die ganze Zeit über unausgesprochenes Thema:

»Da sprach Jesus zu ihnen: Wahrlich, wahrlich, ich sage euch: Ich bin die Tür zu den Schafen. Alle, die vor mir gekommen sind, die sind Diebe und Mörder; aber die Schafe haben ihnen nicht gehorcht. Ich bin die Tür; so jemand durch mich eingeht, der wird gerettet werden und wird ein- und ausgehen und Weide finden. Ein Dieb kommt nur, daß er stehle, würge und umbringe. Ich bin gekommen, daß sie das Leben und volle Genüge haben sollen.«

»Ich bin die Tür zu den Schafen.« Schafe, das erinnert uns daran, daß wir es hier im großen Zusammenhang mit den Hirtenworten Jesu zu tun haben. Vielleicht setzen wir für den Ausdruck Schafe die Bezeichnung: »Die, die zu Gott gehören«, was ja offensichtlich gemeint ist. Denn für Schäferpoesie ist hier kein Platz. Wie aber gehören wir Gott? Ein Mißverständnis müssen wir hier von vornherein ausschließen: Wer Gottes Eigentum ist, der ist nicht Spielball eines Despoten, denn Gott will uns nicht als wehrlose Sache, sondern als Person haben. Wer aber eine Person zu eigen haben will, wird gerade so viel bekommen, wie er gibt – nicht mehr, nicht weniger. Wer das ganze Leben eines Menschen haben will, muß ein ganzes Leben dafür opfern. Eben das hat Gott getan. Darum gehören wir ihm ganz, und zwar wir alle. Wir hören hoffentlich heraus, daß es dabei mehr um ein Angebot als um irgendeinen Zwang geht. Wenn wir jetzt noch einmal an unseren Text denken, dann kann man vielleicht so übersetzen: Ich bin die Tür zu den Menschen, die Gott gehören. Oder: Nur durch mich gibt es Zugang zu Menschen.

Ich weiß nicht, ob Sie jetzt denken, was heutzutage viele denken: Dieser Absolutheitsanspruch – ich kann ihn nicht mehr hören. Aber wenn Christus nun dabei etwas ganz anderes im Auge hat? Nur durch mich gibt es Zugang zum Menschen. Ich bin die Tür. Ist es nicht vielmehr eine Warnung vor dem eigenmächtigen Griff nach dem Menschen? Wenn im Zusammenhang unseres Textes von Dieben und Mördern die Rede ist, Menschen also, die an Jesus vorbei, ohne ihn andere Menschen beschlagnahmen wollen, dann kennen wir doch die Illustration dazu aus der Geschichte unseres Volkes gut genug. Diese brutale Methode, wo der Mensch als Material oder Ausbeutungsobjekt gesehen ist. Sie hat noch heute viele Namen.

Hier ein Beispiel für viele: Ein französischer Wissenschaftler redet sehr besorgt von der Manipulierbarkeit des Menschen, daß der Mensch machbar ist, und er spricht die Befürchtung aus, daß am Ende der Menschheitsgeschichte ein Ameisenmensch steht. Was er damit meint, wird an der Parallele, die er gebraucht, deutlich. Er vergleicht ihn mit einem Zombi auf Haiti. Ein Zombi ist ein Mensch, der durch einen Zauberer für ein roboterhaftes Arbeitsleben präpariert wurde. Durch ein bisher noch unbekannt gebliebenes Gift ist bei dem Betreffenden ein Scheintodzustand hervorgerufen worden. Er wird als tot begraben, der Zauberer aber gräbt ihn wieder aus und erweckt ihn mit einem ebenfalls geheimen Gegengift zum Leben. Aber alle Erinnerungen sind geschwunden, ganze Gehirnpar-

tien bleiben gelähmt. Allein die Arbeitskraft ist unversehrt geblieben. Solch ein Mensch, Zombi genannt, ist nun zu jeder andressierten Arbeitsleistung fähig. Dabei fehlen ihm sämtliche eigene Willensäußerungen. Schreckliche Zukunft, die schon begonnen hat in Laboratorien, hinter Gefängnismauern und KZ-Zäunen; Beispiele gäbe es genug.
Aber dem allen gegenüber sagt Jesus nun: Hände weg vom Menschen! Er stellt sich schützend vor uns. Nur durch mich, gibt es Zugang zu Menschen, die Gott gehören. Ich bin die Tür. Das aber hat doch auch Konsequenzen für uns: in der Familie, am Arbeitsplatz, in der Gemeinde und was wir immer aufzählen wollen. Zwischen uns und den anderen steht Christus. Ich bin die Tür, sagt er. Wer ist der andere? Der, der neben Ihnen aufwächst; der, dem Sie auf Ihrem Weg begegnen; der neben Ihnen arbeitet, sich freut oder weint; der neben Ihnen liebt oder haßt; von dem Sie sagen: ich habe mein ganzes Augenmerk auf ihn gerichtet; oder aber: ich kann ihn nicht sehen; von dem Sie nichts sagen und nichts denken, weil Sie vorübergehen, ohne nach ihm zu sehen.
Und von diesem anderen sagt Jesus nun: Nur durch mich gibt es Zugang zu ihm. Ich bin die Tür. Wie das aussieht, wenn man das vergißt – nun, das wissen wir alle recht gut. Da gibt es vorschnelle Urteile, böse Nachreden, eigensüchtige Zwecke, Launen, Antipathien und wie die Spielarten unserer selbstgemachten Zugänge alle heißen mögen.

Aber wie steht es nun damit, wenn wir mit jenem Wort Christi Ernst machen: Ich bin die Tür, nur durch mich gibt es rechtmäßigen Zugang zum Menschen? Was heißt das zum Beispiel in der Massengesellschaft, in der wir heute leben? Vielleicht dies: »Herr, ich bin Menge, denn die Menschen bewohnen mich. Ich bin ihnen begegnet, sie sind eingedrungen in mich, sie haben sich da drinnen eingerichtet. Sie haben mich gequält.

Sie haben mich in Besitz genommen, und ich habe sie gelassen, Herr, damit sie sich nähren und ausruhen. Ich führe sie auch zu dir, wenn ich mich dir übergebe. Ich setze sie dir aus, wenn ich mich dir aussetze. Da bin ich, da sind sie, vor dir, Herr.« So ein französischer Arbeiterpriester.

Nur durch mich gibt es Zugang. Ich bin die Tür.
Was heißt das dann in der Gemeinde? Vielleicht dies: Respekt haben vor allem, was Gott dem Nächsten, dem Mitchristen gegeben hat, so daß ich nicht mehr irgendein nach meiner Meinung unvollkommenes Gottesverständnis verachte.
Nur durch mich gibt es Zugang, ich bin die Tür.
Was heißt das in der Familie? Vielleicht dies: daß wir von der Frau, den Kindern, vom Mann nicht mehr erwarten, als wir zu leisten willig sind. Daß wir lernen, die Nächsten nicht auf das, was sie tun oder unterlassen, anzusehen, sondern vielmehr auf das hin, was sie erleiden. Wo das geschieht, ist das einzig fruchtbare Verhältnis geschaffen, das Verhältnis der Liebe, und das heißt: der Wille, Gemeinschaft zu halten.

Nur durch mich gibt es Zugang, ich bin die Tür.
Was heißt das für das Gruppendenken, das unter uns oft beherrschend wirkt: wir als Kirchliche, wir als Flüchtlinge, wir als Landwirte, wir als Liberale usw.? Vielleicht dies: Schluß mit der Verurteilung derer, die fundamental anders denken. Schluß mit ihrer Verketzerung. Anerkennen, daß sie den gleichen Ausgangspunkt haben wie wir, daß sie erbarmungswürdig und geliebt sind wie wir.

Nur durch mich gibt es Zugang zum Menschen, ich bin die Tür.
Was könnte das in der Politik heißen? Zitieren wir Albert Einstein: »Unserer Welt droht eine Krise, deren Umfang anscheinend denen entgeht, in deren Macht es steht, große Entscheidungen zum Guten oder zum Bösen zu treffen. Die entfesselte Macht des Atoms hat alles verändert, nur nicht unsere Denk-

weisen. Auf diese Weise gleiten wir einer Katastrophe ohnegleichen entgegen. Was wir brauchen, ist eine wesentlich andere Denkungsart.«

Nur durch mich gibt es Zugang zu Menschen, ich bin die Tür. Es ist dort verstanden, wo es die gehorsame Tat gibt. Und Gott will unsere Tat, er will sie gebrauchen. Denn das Leben Christi gibt er hinein in das Leben dieser Zeit, will Frieden stiften, will Gemeinde bauen, will die Welt verwandeln, will, wie es am Schluß unseres Textes heißt, Leben und volles Genüge schaffen. »Denn dazu«, sagt Jesus, »bin ich gekommen.«
Wie werden Sie das annehmen? Wie werden Sie ihm, dem anderen, dem Nächsten, den Nahen, den Ferneren begegnen? Werden Sie durch diese Tür, durch den rechten Zugang die anderen aufsuchen? Werden Sie erfinderisch sein in der Deutung dessen, was Christus mit Ihrem Leben vorhat? Ein junger Christ hat es auf seine Weise so gesagt:
»Ich möchte den Mut zum Bauen von Brücken haben, zwischen mir und denen, die ich nicht mag oder nicht verstehen kann, die mir mißtrauen oder mich enttäuschten, zwischen mir und den Mitarbeitern meiner Gemeinde, mit denen ich im Streit lebe, Brücken auch für die, die untereinander streiten, Brücken zwischen meinem Kreis und anderen Kreisen, meiner Generation und anderen Generationen, meiner sozialen Gruppe und anderen Gruppen zur Erbauung deiner Gemeinde. Brükken zu denen, die draußen sind, den Enttäuschten, den im Vorurteil Befangenen, den Abgefallenen, den Spöttern, den Feinden. Ich möchte den Mut zum Brückenbau haben auch dort, wo Brückenbau unpopulär ist, quer hindurch durch die eisernen Vorhänge der Angst und der Selbstgerechtigkeit. Ich bitte dich um den Mut zum Brückenbau« (E. Lange).
Hier hat jemand in einer an Christus gebundenen Phantasie weitergedacht. Was würden Sie hier einzusetzen haben?

Peter Kreyssig

Erbe

Galater 4, 1–7

Paulus schreibt in seinem Brief an die Galater: »Ich sage aber: Solange der Erbe unmündig ist, unterscheidet er sich in nichts von einem Sklaven, obgleich er Herr von allem ist, sondern er steht unter Vormündern und Haushaltern bis zu der vom Vater vorherbestimmten Zeit. So waren auch wir, als wir unmündig waren, den Naturmächten der Welt wie Sklaven unterworfen. Als aber die Erfüllung der Zeit gekommen war, sandte Gott seinen Sohn, von einem Weibe geboren, dem Gesetz unterworfen, damit er die dem Gesetz Unterworfenen loskaufte, auf daß wir die Annahme an Sohnes Statt erlangten. Weil wir aber Söhne sind, hat Gott den Geist seines Sohnes in unsere Herzen gesandt, der da ruft: Abba – Vater! Somit bist du nicht mehr Sklave, sondern Sohn, wenn aber Sohn, dann auch Erbe durch Gott.«

Es ist seltsam: Fast die ganze Welt berechnet die Zeit nach dem Geburtstag Jesu. Aber wer sieht sie auch im Licht dieses Ereignisses? Wie viele von uns lassen sich überhaupt auf diesen überraschenden Gedanken ein, wie ihn Paulus formulierte: daß wir Söhne Gottes, Brüder und Schwestern dieses Jesus und seine Erben sind? Spielt das eine Rolle bei unserem alljährlichen Feiern seines Geburtstags?

Freilich, wir haben nur Nachricht von ihm über jenes riesige Familienbuch: die Bibel. Aber wer liest sie wohl als eine Familiengeschichte? Und sein Erbe, die Kirche, wird heute von vielen ausgeschlagen. Für sie liegen zu viele Hypotheken darauf!

Aber auch für uns, die wir uns zu seinem Erbe bekennen, scheint *er* doch oft weit weg zu sein; trotz des Glorienscheins, mit dem wir ihn umgeben haben – oder vielleicht gerade deshalb? Aber ich meine, es ist nicht immer so! Es gibt auch Zeiten und Gelegenheiten, da schmilzt der Abstand von fast 2000 Jahren zusammen. Da taucht mitten in unserer Gegenwart Zug um Zug die Geschichte mit Jesus auf, so wie sie andere vor uns erlebt und aufgeschrieben haben: nicht als bloße Wiederholung von Vergangenem, sondern eher wie zwei Bilder, die auf dem gleichen Stück Film übereinandergerieten und nun zu unserem Erstaunen in sinnvoller Beziehung stehen. Wo wir sagen müssen: Da ging es ja im Grunde um das gleiche wie heute! Wo wir dann genötigt werden, die Gegenwart mit anderen Augen zu sehen: durch das Bild der Geschichte mit Jesus hindurch; durch die Worte hindurch, die er dazu gesagt hat; im Licht seines Wesens und seines Verhaltens. Und wo die ferne, hoheitsvolle Gestalt des Gottessohnes auf einmal neben uns hintritt und erkennbar wird als ein brüderlicher Mensch, den uns Gott geschickt hat. – So ging es mir jedenfalls beim Lesen dieser Worte des Paulus im Galaterbrief. Ich möchte zu sagen versuchen, wie und warum.

Nicht das Weihnachtsfest habe ich dabei im Auge, sondern unseren Alltag. Aber als er damals geboren wurde, unser Bruder, der Gottessohn, war ja auch Alltag. Keiner merkte so richtig, was geschah. Das Verstehen und das Fest kamen erst später, lange nachdem Paulus den Galatern geschrieben hatte. Aber es läßt einen doch aufhorchen, daß er damals schon diesen Geburtstag als das Ereignis beschrieb, das den Menschen mündig, das heißt selbständig und verantwortlich macht. Viele Leute bestreiten das gerade auch heute. Sie sagen, diese Mündigkeit habe man langsam und mühselig gegen den christlichen Glauben durchsetzen müssen, und erst heute würde, dem

Christentum zum Trotz, allmählich davon etwas sichtbar. Wie Sie das ansehen, weiß ich natürlich nicht genau; aber mir scheint das doch sehr fraglich.
Gewiß, in den letzten Jahren sind in dem festen Gehäuse unseres Lebens unheimlich viele Fenster und Türen gleichzeitig aufgestoßen worden. Manchen mag es fast wie eine Demontage vorgekommen sein. Aber ist in der vielen frischen Luft das Gefühl der Freiheit gewachsen? Wir spüren doch auch: Wer im Freien steht, ist deshalb noch nicht einfach frei!
Wir beginnen eine Erziehung an unseren Kindern zu probieren, die frei ist von autoritärem Zwang, die loskommt von bloßem Befehlen und Gehorchen. Das ist gut. Aber eine so erzogene Jugend braucht statt dessen lebendige Vorbilder, die sie erkennen und anerkennen kann. Sie verlangt mit Recht nach lebendiger, persönlicher Autorität: nämlich nach Einsicht, Güte, Toleranz, Lebensmut; nach der Fähigkeit, sinnvolle Lebensziele zu erkennen und zu beschreiben. Haben wir es damit nicht noch immer sehr schwer?
Wir haben ein Wirtschaftssystem, das auf der Freiheit für unser menschliches Besitzstreben aufgebaut ist. Seit ein paar Jahren merken wir, daß es nur funktioniert, wenn wir auch wissen, wann wir genug haben sollten. Aber es nützt nichts, wenn uns das die Experten sagen. Der Staat muß uns zwingen; denn unser Verantwortungsgefühl für die Gemeinschaft ist zu schwach, Konjunktur zu bremsen.
Wir haben die Moral von allen Tabus befreit oder sind noch dabei, es zu tun. Wo aber Moralgesetze fallen, sollten Liebe und Respekt für die Würde des Mitmenschen an deren Stelle treten, sonst wird die Sexualiät immer mehr ein trübes und seelenloses Geschäft.
Vor kurzem haben wir noch gemeint, wir beherrschten die Gesetze der Natur und könnten sie uns dienstbar machen. Aber wir werden demnächst große Abgaben zu entrichten

haben, um das gestörte Gleichgewicht des Lebens in unserer Umwelt nicht rettungslos zu zerstören. Wir müssen feststellen, daß wir tributpflichtig geworden sind, wo wir meinten, unbeschränkt herrschen zu können.

Mündigkeit ist, so scheint es, doch noch etwas anderes als dieses wilde Spiel mit der Freiheit, das wir treiben und das plötzlich umschlagen kann in eine gefährliche Treibjagd der Verhältnisse gegen den Menschen. Mündigkeit ist diejenige Kraft im Menschen, die es ihm ermöglicht, seine Freiheit selber und aus freiem Willen zu begrenzen. Der Trieb, die Grenzen nur soweit wie möglich hinauszuschieben, ist ein sklavischer Trieb der Unmündigkeit und führt in neue, unvorhergesehene Abhängigkeiten hinein. Ganz allmählich sehen wir es an den Verhältnissen, die wir selber geschaffen haben. Ob wir es immer rechtzeitig sehen werden, ist unser aller angstvolle Frage. Uns geht es wie vor langer Zeit den Galatern, als Paulus ihnen schrieb: Wir suchen fieberhaft nach neuen Regeln und Gesetzen; versuchen, die Verhältnisse besser zu planen, die Zukunft genauer zu berechnen und ihren Gesetzen auf die Spur zu kommen.
Paulus meint dazu: »Ich sage aber: Solange der Erbe unmündig ist, unterscheidet er sich in nichts von einem Sklaven, obgleich er Herr von allem ist. Er steht unter der Vormundschaft der Verhältnisse bis zu der von Gott vorherbestimmten Zeit.« Paulus glaubt nicht, daß der Mensch mündig wird, solange er sich an den Verhältnissen zu orientieren versucht, sondern allein dadurch, daß er sich auf sich selbst besinnt und fragt: Wer bin ich und wozu bin ich da? Und im gleichen Atemzug erinnert uns Paulus, daß die Geburtsstunde des mündigen Menschen schon längst geschlagen hat. Gott hat ihn uns gezeigt und uns an ihn verwiesen. Denn er hat die Freiheit des Menschen schon einmal ganz erfüllt, ohne darüber sein menschliches Gesicht

zu verlieren. Er füllte sein Leben ganz aus, obwohl man ihn schon mit 30 Jahren ermordete. Er verstand sein ganzes Dasein als Dienst an anderen und blieb doch vollkommen frei von ihren Gesetzen und Manipulationen. Denn er verstand es als Gottesdienst, und das gab diesem Dasein seinen Sinn, auch da, wo andere keinen mehr haben. Er sah die einzige und letzte Aufgabe seines Lebens darin, Mensch zu sein, ganz und vollkommen. Und er wußte, daß die Erfüllung dieser Aufgabe eine Gabe des verborgenen Gottes ist.
Wir glauben, daß in diesem einen Leben die Mündigkeit des Menschen erfüllte Wirklichkeit geworden ist. Sie kann uns heute noch genauso helfen, selbst Menschen zu werden und zu bleiben, die nicht Sklaven, sondern Söhne Gottes sind.

Wenn Sie fragen, wie das geschieht ... Nun, wer sich mit der Frage, was Mensch-Sein heißt, an diesem Menschen Gottes orientiert, der wird ihn immer wieder plötzlich neben sich oder vor sich finden. Neben einem jungen Menschen etwa, der um unser Vertrauen bittet, wo wir lieber kontrollieren möchten, kann er stehen und uns zunicken: Wage es mal – du gibst ihm Selbstvertrauen, ohne das er nicht mündig werden kann. Neben den Orientierungslosen, den Trostbedürftigen, neben denen, die Hunger nach Gerechtigkeit, Gewaltlosigkeit und Frieden haben. Neben allen, denen er in den Seligpreisungen gesagt hat, daß ihre Sehnsucht das Verlangen mündiger Menschen ist und daß man sie darum Söhne Gottes, seine Erben heißen wird.
Er wird uns auch Mut machen, das gewagte Spiel mit der Freiheit, das uns so viele Sorgen macht, nicht einfach zu verneinen und nach Ordnung und den dazugehörigen Verordnungen zu schreien. Er wird uns eher ermutigen, selbst in unserem Leben Grenzen für uns zu setzen und den Mitmenschen frei und offen zu sagen, warum wir hier oder da nicht mitmachen. Das

wird auch denen helfen, die in unmündigem Freiheitsverlangen Grenzen niederreißen, ohne zu wissen warum. Da gibt es so viele heillose Illusionen! Der Rausch zum Beispiel ist Mode geworden als ein angebliches Mittel, sich selbst kennenzulernen. Aber auf diesem Wege lernt man nur ein Rauschmittel kennen, nicht etwa sich selbst. Vor sich selbst ist man dabei meistens auf der Flucht. Der Weg zu sich selbst ist danach nur noch schwerer – das ist das düstere Geheimnis der Sucht.
Auch dort wird der Gottessohn vor uns erscheinen, wo die Leute rufen: Gott ist tot – es lebe der Mitmensch! Er wird uns erinnern, daß er, der Mitmensch, seinerzeit im Namen Gottes umgebracht wurde. Und wo man nun umgekehrt Gott im Namen des Mitmenschen für tot zu erklären versucht, wird er sagen: Man kann sie nur beide zugleich umbringen oder beide miteinander gelten lassen: Gott und den Mitmenschen. Dafür habe ich gelebt und dafür bin ich gestorben, daß ihr zu allen Zeiten begreift: Menschen sind Söhne Gottes. Und in jedem Leben kann und soll das Spiegelbild dieses Einen erscheinen: des wahrhaft mündigen und freien Menschen Gottes.

Christian Troebst

Kinder

Matthäus 18, 1–9

Vor einiger Zeit erschien in einer französischen Zeitung die kurze Meldung, daß ein achtzehnjähriger Arbeiter Selbstmord begangen hatte, weil ihm der Arbeitsplatz gekündigt worden war. Der Grund: er hatte zu lange Haare. Kurz danach brachte die Pariser Zeitung »Le Monde« in einer ganzseitigen Anzeige das Bild Albert Einsteins. Seine durchdringenden Augen sahen den Leser an. Unter dem Bild stand seine berühmte Formel: $E = mc^2$ und dann der lapidare Satz: »Er trug seine Haare lang.« Veranlaßt war diese Anzeige durch die Mitarbeiter einer Agentur, die erschrocken darüber waren, daß der durch die Dummheit und Gedankenlosigkeit von Erwachsenen ausgelöste Tod eines jungen Menschen nur in einer kleinen Randnotiz erwähnt war. Sie wollten mit ihrer Anzeige den Franzosen jenes Grundrecht in Erinnerung rufen, das in unserer Verfassung so heißt: »Die Würde des Menschen ist unantastbar, sie zu achten und zu schützen ist oberstes Gebot aller staatlichen Gewalt. Jeder hat das Recht auf die freie Entfaltung der Persönlichkeit, soweit er nicht die Rechte anderer verletzt und nicht gegen die verfassungsmäßige Ordnung oder das Sittengesetz verstößt.«
Welche Szenen spielen sich zweimal im Jahr an den Familientischen ab, wenn die Zwischen- oder Versetzungszeugnisse in den Schulen verteilt worden sind? Die Kinder, denen die Schule ohnehin Spaß macht, werden zudem noch gelobt. Aber die anderen, denen es schwerfällt und für die der Gang zur Schule

eine tägliche Last ist, werden dazu noch bis zu Tränen betrübt und mit Scheltworten oder Ohrfeigen überhäuft. Wissen wir eigentlich, wie unseren Kindern zumute ist, denen mit den kurzen und denen mit den langen Haaren? Wissen wir, wie sie ihr Leben und ihre Zukunft in einer Gesellschaft sehen, die so tüchtig und so leistungsbetont ist wie die unsere?
Natürlich meinen wir es gut und natürlich wollen wir nur ihr Bestes, wenn wir täglich an ihnen herumerziehen. Sie sollen ja groß werden, groß und tüchtig wie wir. Und wenn sie nicht wollen, dann muß man sie zwingen. Später werden sie es uns schon danken. Denn wir wissen doch, wie es zugeht in der Welt. Wir kennen das Leben. – Kennen wir es wirklich?

»Zu derselben Stunde traten die Jünger zu Jesus und sagten: Wer ist eigentlich der Größte in der Rangordnung, die bei Gott gilt? Da rief er ein Kind zu sich, stellte es mitten unter sie und sprach: Laßt euch gesagt sein, wenn ihr euren Gedanken nicht eine andere Ordnung gebt, wenn ihr nicht eure Maßstäbe umkehrt und wie die Kinder werdet, dann könnt ihr vor Gott nicht gelten. Wenn aber einer sich selbst bis zur Machtlosigkeit dieses Kindes erniedrigt, ist er der Größte von euch allen, nach der Ordnung, die in Gottes Machtbereich gilt.«
Die Frage der Jünger, wer denn der Größte sei, war beileibe keine theoretische Frage. Sie waren ja mit Jesus zusammen auf dem Weg nach Jerusalem. Und so, wie die Jünger es verstanden, rechneten sie damit, daß Jesus dort als Messias Gottes die Macht ergreifen, daß er die römischen Besatzungstruppen davonjagen und daß er hier auf Erden – von Israel ausgehend – das Reich Gottes errichten würde. Hinter ihrer Frage, wer denn der Größte sei, stand in Wahrheit die andere Frage: Wie denn bei der Reichsgründung die Kabinettsposten verteilt würden? Wieviel Macht und Einfluß ihnen selber zufallen würden zum Lohn für ihre Treue?

Wir wollen wissen, wer oben und wer unten steht, wer zu befehlen und wer zu gehorchen hat. Wir wollen wissen, wie die Kompetenzen verteilt sind. Das waren die Fragen der Jünger, und das sind auch die Fragen von uns. So sind wir, und so denken wir. Das sind die Kategorien unserer Welt. Jesus aber sagt: Wenn ihr so denkt, wenn eure Gedanken in diese Richtung gehen, dann lauft ihr in die Irre, dann ist euer Leben leer, selbst bei größtem äußeren Erfolg. Denn – so sagt Ulrich Wilkens in dem von ihm übersetzten und kommentierten Neuen Testament: »Nicht der Wille zur Größe macht die Jünger Jesu in Wahrheit groß, sondern vielmehr der Wille, sich unter seine Brüder zu stellen, ja, den Kindern gleich zu werden, die in der Gesellschaftsordnung der Antike nichts zählten.«
Nicht der Wille zur Größe macht die Jünger Jesu in Wahrheit groß. Versuchen wir, uns diesem Anspruch zu stellen, dann spüren wir, wie schmerzlich er gegen unsere Natur geht, dann spüren wir, daß Jesus einen Maßstab aufstellt, der unseren Vorstellungen radikal entgegensteht. Wir wollen nach oben kommen. Wir haben den Drang zur Größe tief im Gewissen. Er ist geradezu der kategorische Imperativ unserer Leistungsgesellschaft. Und unsere rücksichtslose Zielstrebigkeit verschleiern wir überdies mit faden Sprichwortweisheiten, die uns doch nur daran hindern, den Dingen auf den Grund zu gehen.
Hilf dir selbst, dann hilft dir Gott. – Wer immer strebend sich bemüht, den können wir erlösen. – Das Leben ist Pflicht, die Pflicht ist Freude. – Und schließlich: Jeder ist sich selbst der Nächste.
Wir sind zutiefst davon überzeugt, daß in Politik und Wirtschaft, im Handel und Wandel der Gesellschaft derjenige am schnellsten vorwärtskommt, der die wenigsten Hemmungen und die geringsten Skrupel hat. Der nach oben dienert und nach unten tritt – ja, der am Ende bereit ist, über Leichen zu gehen.

»Zu jener Stunde traten die Jünger zu Jesus und fragten ihn: Wer ist nun der Größte im Himmelreich? Da rief er ein Kind herbei, stellte es in ihre Mitte und sagte: Wenn ihr nicht umkehrt und so werdet wie die Kinder, werdet ihr nicht in das Himmelreich kommen. Wer also sich selbst so klein macht wie dieses Kind hier, der wird im Himmelreich der Größte sein.«

Wir haben uns zu entscheiden. Entweder wird mit diesen Worten unsere Welt, wie wir sie kennen, auf den Kopf gestellt, dann ist das, was Jesus fordert, naiv, weltfremd, schlichter Unsinn – ein müder Trost für Kinder und alle anderen, denen das Leben als Last und Drohung gegenübersteht. Oder aber wir lassen uns die Augen dafür öffnen, daß wir mit unseren Zielen auf Holzwege geraten sind, die sich im Nichts verlieren. Wenn Jesus recht hat, dann sind wir es, die das Leben auf den Kopf gestellt haben, und dann ist er gekommen, um uns wieder auf die Beine zu helfen. Denn das Kind aus der Mitte, das aus sich selbst nichts machen kann, dieses Kind erinnert uns daran, daß auch unser Leben klein und hilflos begonnen hat und daß es klein und hilflos enden wird. Das ist die Basis. Auf diesem Fundament muß man beginnen. Alles andere ist nur Zwischenspiel.

Ich komm, weiß nicht woher,
ich leb, weiß nicht wie lang,
ich geh, weiß nicht wohin;
mich wundert, daß ich fröhlich bin.

Neuerdings wird in Theologie und Kirche wieder viel gefragt, ob Jesus ein Revolutionär war. In Südamerika verlassen Priester die Kirche, um auf der Seite der Widerstandskämpfer mit allen Mitteln gegen Unfreiheit und gegen Unterdrückung anzukämpfen, und bei uns ist ein Streit darüber entbrannt, ob die

Kirchen solche Kampfgruppen in der Dritten Welt finanziell unterstützen dürfen oder nicht. Das sind große und schwere Fragen. Und jene Organisationen stellen uns heute wieder vor ähnliche Fragen, mit denen vor dreißig Jahren Dietrich Bonhoeffer, Graf Stauffenberg und viele andere Widerstandskämpfer fertigwerden mußten.

Wir bekennen unsere Ratlosigkeit, und dennoch wagen wir den Satz, daß das, was Jesus seinen Jüngern abverlangte, weit über das hinausgeht, was sich heute Revolution nennt.

Die Jünger fragten: Wer soll oben stehen, wer wird die Macht haben, nach wem müssen sich die anderen richten? Und so fragen wir, und so fragen die Machthaber in der Dritten Welt. Aber genauso fragen auch die revolutionären Gruppen. Es geht immer um das eine, um die Macht. Darin sind sich die Unterdrücker und die Unterdrückten, die Progressiven und die Konservativen, die Revolutionäre und die Reaktionäre noch allemal einig. Macht bleibt Macht und Macht muß sein. Strittig ist nur, wer an dem Hebel sitzen soll. Hier: Seid untertan der Obrigkeit – dort: Aufruf zur Revolution. Hier: Alle Macht den Räten – dort: Alle Macht dem Management. Jesus aber stellt ein Kind in die Mitte. Das ist seine Revolution. Jesus sagt: Die Kleinen sollen die Größten sein. Macht muß den Ohnmächtigen dienen. Solange ihr das nicht lernt, wird alles beim alten bleiben. Solange ihr das nicht lernt, werdet ihr nicht in das Reich Gottes kommen.

»Wer sich so klein macht wie dies Kind hier, der wird bei Gott der Größte sein. So sehet nun zu, daß ihr niemanden von diesen Kleinen geringschätzig behandelt, denn ich sage euch, ihre Engel schauen beständig das Angesicht meines Vaters im Himmel. Wer aber einem einzigen dieser Kleinen hier, die mir vertrauen, zum Anstoß wird, für den wäre es besser, man hängte ihm einen Mühlstein um den Hals und ließe ihn in der Tiefe des Meeres versinken.«

Hier wird deutlich, wie sehr Jesus daran liegt, verstanden zu werden. Deshalb redet er hier mit solchem Nachdruck, damit wir seinen Maßstab begreifen: Wer sich groß dünkt und sich am Kind, am Kleinen und Schwachen, vergeht, ist ein Taugenichts. Aber noch ist es so, daß alle, die nach Macht streben, meinen, ihr Ziel nur erreichen zu können, wenn sie den Schwachen nach unten treten. So ist auch aus dem von Ellen Kay vor siebzig Jahren so zuversichtlich ausgerufenen Jahrhundert des Kindes ein Jahrhundert des Elends, der Kriege und des Grauens geworden, das dunkelste in der Geschichte der Menschheit. Man muß kein Prophet sein, um zu wissen, wie es weitergeht. Unser rücksichtsloses Machtstreben selbst wird zu dem Mühlstein, der den Tüchtigen ins Verderben zieht. Es geht ja, wenn Jesus uns an die Ohnmächtigen verweist, nicht nur um jene, es geht auch und vor allem um uns. Wir sind die Bedrohten, wir müssen herunter vom Podest. Denn bei Gott zählt nur die Solidarität. Die Solidarität mit denen, die zu den Ungefragten gehören, mit denen, die nichts gelten in der Gesellschaft, die machtlos sind wie Kinder. Wer sich selbst erhöht, verliert die Kleinen aus den Augen. Der reiche Mann vergißt den armen Lazarus, der große Schuldner übersieht den kleinen. Der tüchtige Vater hat keine Zeit für seine Kinder, die erfolgreiche Mutter keine Ruhe für ihren Mann. Wenn ihr nicht umkehrt, habt ihr keine Chancen.

»Nicht der Wille zur Größe macht die Jünger Jesu in Wahrheit groß, sondern vielmehr der Wille, sich unter seine Brüder zu stellen, ja, den Kindern gleichzuwerden, die in der Gesellschaftsordnung der Antike nichts zählten.«

Als sich in Frankreich ein junger Mann das Leben nahm, weil ihm die Gesellschaft den Spielraum nicht gönnte, den er brauchte, da blickten die Leser in die eindringlichen Augen von Albert Einstein. Wir Eltern und Erzieher, wir Hausbesitzer und Wohnungsvermieter, wir Ordnungshüter und Rechtswahrer, wir stehen im Blickfeld Jesu. Vom Kindesmord zu Bethlehem bis zu den zweihundert Ermittlungsverfahren wegen Kindesmißhandlung, die allein in Baden-Württemberg Jahr für Jahr durchgeführt werden müssen, ist nur ein kurzer Weg. Die Schilderungen der Einzelfälle sind erschütternd. Und die bedrückend hohe Zahl wird noch bedrückender, wenn wir daran denken, wie hoch die Zahl der Fälle ist, die keinen Kläger und keinen Richter finden. Aber nochmals: Wenn Jesus sagt: wir dürfen so nicht weitermachen; wenn er sagt: wir müssen umkehren, dann geht es ihm nicht nur um die Kinder und nicht nur um die Schwachen, dann geht es ihm vor allem auch um uns. Denn wer da schreit, erzieht sich einen Sohn, von dem er angeschrien wird. Und wer da schlägt, erzieht sich einen Schläger. Und wer im einen Augenblick meint, seine Stärke demonstrieren und dem anderen aufzwingen zu müssen, kann im nächsten Augenblick seine Hilfe brauchen. Das kann dem rücksichtslosen Autofahrer so ergehen, wenn er in einen Unfall verwickelt ist, wie dem selbstherrlichen Vorgesetzten, wenn er auf die Hilfe seiner Mitarbeiter angewiesen ist.

So löst Jesus die Machtfrage, indem er uns zu einer Neuorientierung verhilft. Sie stellt jede Machtpolitik in Frage, genauso wie jeden einzelnen, der sich dem anderen aufzwingen will und nur sich selbst und seine eigene Freiheit im Sinn hat.

So hat Paulus in dem Satz zusammengefaßt, was Jesus uns damit zeigen wollte: Nehmet einander an, wie Christus uns angenommen hat.

Damit wendet sich unser Blick von dem Wort Jesu zu dem Mann, der es gesagt hat. Er lebte, was er sagte. Er hielt sich nicht für zu gut, mit den kleinen Leuten zusammen zu essen. Er setzte sich an einen Tisch mit denen, die von allen verachtet wurden.

Diesen Jesus nennen wir Gottes Sohn; denn durch sein Verhalten wird der Wille Gottes in einmaliger Weise verdeutlicht. Er setzte sich nicht auf einen Thron, um Ehrerbietung und Huldigung entgegenzunehmen, maßte sich keine besonderen Rechte an, suchte keine einseitigen Privilegien, sondern beugte sich bis zum Verbrechertod am Kreuz. Dies ist das Zeichen der Solidarität Gottes mit allen Menschen; dies ist das Zeichen, durch das alle Menschen begreifen können, wieviel sie Gott wert sind. Und weil Jesus so seine Stärke nicht für sich ausnutzte, sondern für uns einsetzte, deshalb sollen auch wir dessen bewußt bleiben, daß wir für den Schwächeren verpflichtet sind.

Rolf Scheffbuch

Fremde / Fremdling

2. Mose 22, 20; 23, 9. 3. Mose 19, 9 f; 33 f. 5. Mose 10, 18 f; 27, 19. Psalm 146, 9. Epheser 2, 12 ff.

Die Bibel benutzt mancherlei Bilder. Einige davon sind recht aktuell geworden. Dazu gehört das Bild vom Gastarbeiter, vom Fremdling. »Wir sind Fremdlinge und Gäste vor dir; unser Leben auf Erden ist wie ein Schatten und bleibet nicht.«

Aber in solch übertragenem Sinn wird in der Bibel nur selten vom Fremdling gesprochen. Sehr oft wird ganz realistisch von dem Außenseiter geredet, der plötzlich neben mir auftaucht: ohne Bleibe, ohne große Sprachkenntnisse, ohne Auskommen, ohne Anrecht auf Versorgung, ohne Kenntnis des Landes und seiner Sitten – von dem Außenseiter also, der nicht viel mehr sein eigen nennt als den Wunsch, neben mir irgendwie arbeiten und leben zu können.

So etwa wie jener junge Mann aus Ghana, der neulich am Stuttgarter Hauptbahnhof strandete und nichts sonst in der Hand hatte als eine Adresse des Evangelischen Jugendwerks. Er hatte in England sein Glück versucht – und war abgeschoben worden; er hatte es in der DDR probiert – und war ausgewiesen worden. – Arbeitswillig war er. Deshalb versuchte ich zwei Tage lang, für ihn ein Zimmer zu bekommen, eine Arbeitsstelle, eine Aufenthaltsgenehmigung. Ich sehe immer noch den Afrikaner vor mir, wie er skeptisch schaute, wenn ich wieder einmal ergebnislos aus einem Büro kam. Aber ich verstand auch den Beamten, der mir seine Not klagte: »Ich kann doch nicht aus Gutmütigkeit die Aufenthaltsgenehmigung geben.

Was ist, wenn der Mann krank wird, Invalide wird? Ich habe doch auch den Steuerzahler zu schützen, daß ihm nicht unermeßliche Lasten aufgebürdet werden!«

Im Vergleich zu diesen Ratlosigkeiten und Härten unserer Tage hatte Israel vor 3000 und mehr Jahren schon erstaunlich soziale Schutzbestimmungen:
»Wenn ein Fremdling bei euch wohnt in eurem Lande, so sollt ihr ihn nicht bedrücken. Er soll bei euch wohnen wie ein Einheimischer und du sollst ihn lieben wie dich selbst. Denn der Herr, dein Gott, hat die Fremdlinge lieb; er gibt ihnen Speise und Kleider. Der Herr richtet auf, die niedergeschlagen sind; er behütet die Fremdlinge. So sollt auch ihr die Fremdlinge nicht unterdrücken. Ja, verflucht sei, wer das Recht des Fremdlings beugt. Ihr sollt dem Fremdling lassen, was auf dem Feld und in dem Weinberg übrig ist; ihr sollt nicht Nachlese halten. Denn ihr kennet ja der Fremdlinge Herz, weil ihr auch Fremdlinge in Ägypten gewesen seid.«
»Du sollst den Fremdling lieben wie dich selbst; denn der Herr, dein Gott, hat die Fremdlinge lieb.« – Erstaunlich, wie hier argumentiert wird! Gott rechnet damit, daß man in seiner Nähe anders wird, daß man durch Verbindung mit ihm angesteckt wird von seiner Güte. Bei Kindern ist das ja so, daß man plötzlich an ihnen Züge der Eltern entdeckt. Das ist ganz normal. Genauso geht Gott davon aus, daß seine Güte sich auswirkt. Und zwar auf solche, die sich wie Kinder zu ihm halten, zu ihm, dem Vater.

Meinen Sie nicht auch, daß das Kernproblem der gegenwärtigen Gastarbeiterfrage unser hartes Herz ist? Wir haben ja so viele einsichtige Begründungen, wenn es darum geht, die Verantwortung für diese Mitmenschen auf andere abzuschieben: auf den Staat, auf die Betriebe, auf die Betroffenen selbst.

Wahrscheinlich haben wir sogar recht, wenn wir meinen, daß wir es gar nicht schaffen, uns auch noch um die Fremdlinge zu kümmern. Mit dem bißchen Güte, das normalerweise in uns steckt, schaffen wir es wirklich nicht. Aber das könnte ja auch ein Alarmzeichen sein, ein Signal, das uns daran erinnert, daß es Zeit wird, heimzukommen zu Gott, um von Gottes Güte angesteckt zu werden, an Gottes Güte zu genesen. »Der Herr, dein Gott, hat die Fremdlinge lieb; er richtet auf, die niedergeschlagen sind; er behütet die Fremdlinge.«
Man kann ernst machen mit Gott. Man kann damit rechnen, daß Gott sehr gezielt in unser Leben eingreift. Und sehr wirkungsvoll. Man kann Gott darum bitten und wird erfahren, daß er unser Wesen heilen und seinem Wesen ähnlich machen kann.
Aber darüber kann es geschehen, daß man selbst zum Außenseiter wird, zum Fremdling in unserer Welt. Bei Dostojewski ist es nachzulesen, daß sich das Heilige in unserer Welt wie Narrheit ausnimmt, wie Harlekinade, wie Idiotie. Das hat Jesus durchgemacht, als seine Angehörigen sagten: »Er ist von Sinnen.« Jesus hat es damals erlebt: »Ich bin fremd geworden meinen Brüdern und unbekannt den Kindern meiner Mutter; denn die Schmähungen derer, die dich schmähen, sind auf mich gefallen. Sie treiben ihren Spott mit mir. Die im Tor sitzen, schwatzen von mir und beim Zechen singt man von mir.«
Man kann einsam werden, wenn man anfängt, mit Gott zu rechnen. Wir leben eben in einer Welt, die ohne Gott auskommen will und darum jeden als einen unerwünschten Fremdling behandelt, der für Gott einsteht. Und doch liegt auf solch einem Leben mit Gott eine besondere Verheißung – trotz Verlachtwerden, trotz Schmähungen, trotz brutaler Ablehnung.
Das erlebt Israel, das Volk, an dessen Beginn Abraham stand,

der sich von Gott zum Fremdling machen ließ, bis heute. So kann der Kulturattaché der israelischen Botschaft in Bonn bekennen:
»Nachdem wir den Krug der Demütigungen bis zur Neige geleert haben, besteht wahrhaftig keine Notwendigkeit, daß wir unser Licht auch weiterhin unter den Scheffel stellen. Kein Geringerer als Pascal hat geschrieben: In allem ist die jüdische Religion göttlich: in ihrer Autorität, ihrer Dauer, ihrem Ethos, ihrer Lehre und ihren Wirkungen! Das Volk Israel ist klein und in seiner Art einzig. Ein Volk wurden wir nicht aufgrund geographischer Gegebenheiten oder blutsmäßiger Voraussetzungen. Vielmehr stand an der Wiege unserer nationalen Existenz die Idee des einen Gottes, der sich aller Menschen annimmt und der den Menschen zu bessern vermag. Was uns seit der Sinai-Offenbarung widerfahren ist, stellt ein Epos weltgeschichtlichen Ausmaßes dar. Die Römer trieben uns ins Exil. Christen und Mohammedaner dezimierten uns wiederholt. Der Mob quälte uns, Könige beraubten uns. Gleichwohl vermochten wir der Welt den Monotheismus, die Bibel, Spinoza, Freud und Einstein zu schenken, während wir zu gleicher Zeit die Schafotte mit sogenannten Christusmördern, die Richter mit Angeklagten wie Dreyfuß und die Gaskammern mit sechs Millionen unserer Besten zu versorgen hatten. Während der schlimmsten und längsten Leiden, die Menschen je ihren Mitmenschen zugefügt haben, brachten wir es zuwege, leiblich und seelisch wir selbst zu bleiben; dabei hielten wir die Hoffnung lebendig, daß die Gerechtigkeit sich schließlich durchsetzen wird. Nach fast zwei Jahrtausenden konnten wir im Triumph unsere alte unvergessene Heimat wiedergewinnen. Welches Drama bietet Vergleiche zur Größe unserer Leiden, zur Hartnäckigkeit unseres Glaubens und zur Glorie der uns geschenkten Erfüllung?«

So kann das also aussehen, wenn man mit Gott rechnet und darüber zum Fremdling in der Welt wird: So aussichtslos und doch so strahlend, so bitter und doch so faszinierend, so beklemmend und doch voll Triumph.
Aber trotz dieser ganzen Außenseiterexistenz hat sich Israel selbst nie als Fremdling bezeichnet. Im Gegenteil! Israel hat sich an Gott ausgerichtet. Es wußte sich als dessen Volk. Fremdlinge und Außenstehende waren all die anderen Völker. Sie waren nicht von Gott in der einzigartigen Weise wie Israel angenommen worden.
Ich habe die Sorge, daß man das allein als eine historische Darlegung verstehen könnte. Dabei geht es doch um die Frage, ob Sie und ich überhaupt ein Anrecht haben, auf Gott zu hoffen, zu ihm zu beten, oder ob wir Gott egal sind, ob wir für Gott unbedeutende Außenstehende sind.
Wenn Israel allein Gottes erwähltes Volk wäre, dann könnten wir getrost in Gottlosigkeit machen; denn dann hätten wir von Gott nicht viel zu erwarten.
Es wäre gut, wenn wir uns das einmal bewußt machten. Wir sind ja alle schon so oft umworben worden, mit Gott zu leben, zu ihm zu beten, die Gemeinschaft seiner Leute zu suchen, daß vielen diese Einladung selbstverständlich geworden ist, manchen sogar störend und aufdringlich vorkommt. Aber es ist ein Wunder, daß wir, die wir nicht zu Israel gehören, von Gott eingeladen werden. Nur eine Ausnahmeregelung Gottes hat diese Einladung ermöglicht. Von ihr spricht Paulus im Epheserbrief, und er benutzt dabei das Wort »Fremdling« in seinem letzen, tiefen Sinn:
»Darum denkt daran, daß ihr ausgeschlossen vom Bürgerrecht in Israel waret und fremd den Testamenten der Verheißung; daher ihr keine Hoffnung hattet und waret ohne Gott in der Welt. In Christus Jesus aber seid ihr jetzt, die ihr vormals ferne gewesen seid, nahe geworden durch das Blut Christi. Er ist

gekommen und hat verkündigt im Evangelium den Frieden euch, die ihr ferne waret und Frieden denen, die nahe waren. Denn durch ihn haben wir den Zugang alle beide in einem Geist zum Vater. So seid ihr nun nicht mehr Gäste und Fremdlinge, sondern Mitbürger der Heiligen und Gottes Hausgenossen.«

Wer keine Heimat mehr hat, ist zu bedauern. Wer in der Fremde leben muß, hat es schwer. Und wie ist das, wenn man keinen Zugang zu Gott mehr hat? – Wer kein Anrecht darauf hat, zu Gott zu kommen, der ist ein bedauernswerter Fremdling.

Das muß nicht unser Schicksal bleiben. Man kann zu Gott kommen, trotz der Versäumnisse. Auch trotz der Schuld, die sich wie eine Wand zwischen uns und Gott schiebt. Im Angesicht seiner Schuld betete schon mancher voll Angst den Psalmvers: »Verwirf mich nicht von deinem Angesicht!« In dieser Angst brauchen wir nicht mehr zu leben. Für unsere Schuld hat Jesus alles getan, was zu tun war. Wir haben ein Anrecht auf Gott. »Durch Jesus haben wir Zugang zum Vater.«

Ist es nicht töricht, davon keinen Gebrauch zu machen? Oder eben nur ab und an? Sollten wir nicht zu denen gehören, die gerne bei Gott daheim sind und von den reichen Gaben seines Hauses leben? Ich möchte Sie im Namen Jesu bitten, dorthin zu kommen, wo man Gott begegnen kann: im Gebet, im biblischen Wort, in der Gemeinschaft seiner Leute. Ich möchte Sie bitten als einer, dessen Leben dort reich wurde. Ich möchte gerne zusammen mit vielen von Ihnen Gottes Hausgenosse sein.

Und wenn das Unterwegssein einmal endet, dann möchte ich zusammen mit vielen von Ihnen erleben, was es heißt, heimzukommen; was es heißt, Bürger in Gottes Welt zu sein.

Johannes Kuhn

Hirte / Herde

Johannes 10, 12–16

Manchmal trifft man Leute, die dieses biblische Bild als unbrauchbar ablehnen. Hirte und Herde, das ist eine typisch ländliche Vorstellung, die vielen nichts mehr bedeutet. Andere sprechen von der Gefahr dieses Bildes: Das Schema »Hirte – Herde« sei geeignet, unser Denken in eine falsche Richtung zu lenken. Es setzt eine unmodern gewordene Über- und Unterordnung voraus, die man als unzeitgemäß empfindet. Es gibt sogar Zeitgenossen, die meinen, daß das Schema »Hirte – Herde« einer durchgreifenden Reform des Gemeindelebens im Wege steht. Wo alles von Mitbestimmung und Demokratie redet, haben solche Bilder keinen Platz mehr.
Um die Beschreibung der Situation zu vervollständigen, ist noch daran zu erinnern, daß heute die große Mehrzahl auf »Entfaltung der Persönlichkeit« aus ist. Dabei ist Autorität wenig gefragt. Das Stichwort »Emanzipation« – genau übersetzt »sich herausnehmen aus jeder fremden Hand« – verdeutlicht die Distanz zu dem Schema »Hirte – Herde«. Dazu kommen Stichworte wie »Führung durch Systeme«, »Demokratisierung der Strukturen« und die Kritik an führenden Persönlichkeiten, den Autoritäten, die individuelles Verantwortungsbewußtsein nicht gerade fördern.
Und in so einer Zeit soll gehört und verstanden werden: Ich – Jesus – bin der gute Hirte!? Vielleicht sagen einige, mit einer gewissen Sehnsucht: Ja, du warst der gute Hirte. Deine Schafe hörten deine Stimme und du kanntest sie und sie folgten dir. Du gabst ihnen ewiges Leben und sie sollten nimmermehr um-

kommen... Das hat einmal gestimmt, lange Jahrhunderte hindurch. Aber heute? Heute, wo auch die mit den gutgemeinten Vorhaben gegenüber Gruppen und Völkern überrollt werden von den Verhältnissen und Mächtegruppen? Einer der Verantwortlichen in vorderster Linie – Dag Hammarskjöld – hat in seinem Tagebuch »Zeichen am Weg« eine Möglichkeit angedeutet, von der er allein noch Veränderung erwartet: »Jetzt bin ich der Gewählte, festgespannt auf den Block, Opfer zu werden!« Ist es denn etwa so, daß Führung allein im Sterbenkönnen ihr innerstes Motiv enthüllt, und geht es genau um diesen Zusammenhang etwa, wenn Jesus von sich sagt: »Ich bin der gute Hirte. Der gute Hirte läßt sein Leben für die Schafe.«?

Nun hat die Sentimentalität aller Zeiten an dem Bild des Hirten »herumgemacht«. Und von der Gemeinde als von Schafen zu reden, macht Ärger. Irgendwie klingt es ja nach stupider Gefolgschaft. Dabei muß man festhalten, daß dieses Hirte-Herde-Schema nicht als Allegorie, sondern als Gleichnis verstanden werden will, bei dem jeweils nur ein einziger entscheidender Vergleichspunkt in Betracht kommt. Dies aber ist die Selbstbezeichnung Jesu als des guten Hirten. Und das Wort »Schaf« ist bestenfalls ein Gleichniswort für lebendiges, schutzbedürftiges Eigentum. Die Wirklichkeit, die damit beschrieben wird, ist dann so zu sehen: Wir haben einen Hirten, das heißt: wir leben in einer Wirklichkeit, in der wir behütet sind.
Vielleicht muß man hier auch dazulernen, was Hirte damals bedeutet hat. Es gehörte dazu die Souveränität und Verantwortung eines Königs, die heilende Kunst eines Arztes, die Stärke eines Mannes, der Überfälle abzuwehren weiß. Und die Herde? Wie ist das mit den großen Menschenmassen heute? Weithin »von außen gelenkt« (David Riesmann »Die einsame Masse«), sind sie sich selbst Ziel. Sie wollen Weide – sozusagen gute Tage, eben weil sie sich selbst wollen; mehr nicht.

Man hält nach einigen Ausschau, nach denen man sich richten kann, ist aber auch oft genug bereit, Bert Brecht zuzustimmen: »Ja, ihr wißt schon, wie ich's meine, nicht, daß wir andere Herren brauchen. Nein, wir brauchen keine!«
Dem allen gegenüber das Angebot Jesu: Ich bin der gute Hirte. Es ist ein Angebot. Es ist nicht eine aufdringliche Ermahnung. Er weiß, was er sagt. Denn er ist der gute Hirte allein, und er ist es in jeder Beziehung. Und wenn es unter uns so etwas wie eine Sehnsucht gibt nach einem Verantwortlichen, nach einem, der ganz in Ordnung ist, auf den man sich ohne Einschränkung verlassen kann, der nicht irreführt, sondern schützt, nach einem, über den wir uns einig sind: So einer müßte es sein! –, dann sagt Jesus: Der bin ich. »Ich bin der gute Hirte. Der gute Hirte läßt sein Leben für die Schafe.« In diesem Doppelsatz ist alles gesagt. Es geht nicht um das Bild von einem tapferen Führer, von einer verschworenen Gemeinschaft. Es geht zuletzt sogar noch um etwas ganz Umfassendes: Der Hirte und das Lamm verkörpern sich in einer einzigen Gestalt. Ein Gedanke, dem man nachsinnen sollte.
»Der gute Hirte läßt sein Leben für die Schafe.« Was kann ihm nur an den Schafen liegen? Er kennt uns doch. Aber so viel ist der Mensch in den Augen Gottes wert, daß Jesus mit Bewußtsein und Absicht für ihn stirbt. Für welchen Menschen? Für den, der hin- und hergerissen ist von Mächten und Meinungen. So sehr liegt dem Hirten an den Schafen. Tatsächlich, es geht um ein Angebot des Lebens. Ein Anspruch wird erhoben, der durch das Opfer gedeckt ist. »Der gute Hirte läßt sein Leben für die Schafe.« Sterben für die Seinen – das ist das große Neue. Nicht: Andere für sich sterben lassen – das kennen wir aus der Geschichte und aus allerlei privaten Erfahrungen genug.

Dabei hat es immer wieder unter den Herrschern der Welt den Versuch gegeben, sich diesen Titel des Hirten anzueignen. Stei-

nerne Urkunden aus der alten syrischen und babylonischen Zeit zeigen Inschriften, in denen antike Herrscher sich als gute Hirten bezeichnet haben, und die Völker haben ihnen hohe Namen gegeben: Großer Ahn, Caesar, Vater des Vaterlandes, Führer, König der Könige ... von Gottes Gnaden. Aber wieviel ist von der Sehnsucht nach einem guten Hirten Illusion und frommer Wunsch geblieben! Wie oft mußte das Fazit gezogen werden: Hirten, die sich selber mästen. Woran hat es weithin gefehlt? An dem, was den guten Hirten Jesus auszeichnet: eine ruhige Verläßlichkeit, die fürsorgende Treue, der weite Blick, die Wachsamkeit und der unbedingte Einsatz, um anvertrautes Leben zu schützen. Gefehlt hat es am Opfer, an jenem Zusammenhang, wo einer bei Jesus lernen kann, wie das mit seiner Verantwortung über andere ist.
Hier sind alle, die Verantwortung tragen, nach ihrer Orientierung gefragt: Politiker, Lehrer, Dichter, Direktoren, Pfarrer, ja sogar Väter. Sie verdienen den Namen eines Hirten in dem Maß, wie ihre Verantwortung, ihr Denken, Reden und Handeln sich an der Bereitschaft zur Hingabe orientiert. Ist da nicht jeder unter uns in einer Hirtenposition, weil jeder ein paar Menschen hat, die ihn brauchen, und jeder unter uns einmal nach einigen gefragt werden wird?
Ich denke an Henrik Goldschmidt, genannt Korczak, einen jüdischen Arzt und Erzieher. Man nannte ihn den »Pestalozzi Polens«. Er baute und leitete aus eigenen Mitteln ein Heim für kranke Waisen in Warschau. Er schrieb ein Buch »Wie soll man die Kinder lieben?« Er war in der ganzen Stadt geachtet. Die deutsche Besatzungsmacht im letzten Krieg wußte das und wagte sich nicht an ihn heran. Aber sie verlangte von ihm die Auslieferung der 66 kleinen Kinder, die er betreute. Als man kam, um die Kinder wegzuholen, brachen sie in verzweifeltes Weinen und Schreien aus. Korczak beruhigte sie: »Ich gehe mit euch. Es geschieht euch nichts Schlimmes!« – Zum ersten-

mal belog er die Kinder. Und nun ging er an der Spitze des Zuges wie ein guter Hirte: Korczak, ein hochgewachsener, magerer Mann, auf dem linken Arm trug er das kleinste Kind, an der anderen Hand führte er ein anderes. Hinter ihm trippelten stumm und ruhig 64 kleine Buben und Mädchen. Unter den Klängen von Musik ist Korczak mit den Kleinen in der Gaskammer erstickt.
»Ich bin der gute Hirte. Der gute Hirte läßt sein Leben für die Schafe.« Muß man das nicht zusammenhalten mit dem anderen Satz: »Der Herr ist mein Hirte. Mir wird nichts mangeln.«?

Freilich, es ist auch vom Mietling die Rede. Den guten Hirten vom Mietling zu unterscheiden, ist sicher oft schwer. Beide tun das gleiche. Beide weiden die Schafe. Der Mietling ist ja nicht der Wolf; das Raubtier ist ein Drittes. Der Mietling wünscht den Wolf sowenig wie der gute Hirte. Tatsächlich ist auf weiten Strecken und zu vielen Zeiten das Tun des Mietlings von dem des Hirten nicht zu unterscheiden. Auch schmückt sich der Mietling gern mit Hingabe: »Die Fenster im Arbeitsraum unseres Führers sind bis in die Nacht hinein hell erleuchtet. Rastlos arbeitet er für sein Volk und gibt seinen Schlaf hin. Er kennt kein Privatleben.« Sätze aus der jüngst vergangenen Zeit über einen, der seine Verantwortung mißbraucht hat. – Und der Unterschied? Er zeigt sich, »wenn der Wolf kommt« und wenn es sich dann herausstellt, wie der Mietling sich selber rettet. Und wenn er stirbt, dann nicht für die Schafe. Sein Tod hat keine Kraft. Wenn er von Opfer redet, hat das lediglich Propagandawert.
Aber nun: »Ich bin der gute Hirte. Ich kenne die Meinen und bin bekannt den Meinen ...« Dieser Hirte macht die Menschenverachtung aller Variationen nicht mit. Und in diesem Erkennen liegt: Eins sein mit dem anderen, sich in sein Leben hineinversetzen, so daß es Wiedererkennen gibt: Er ist es wirk-

lich, er ist der, zu dem ich gehöre. Wenn hier vom Kennen des Menschen geredet wird, dann nicht mit dem Unterton: Ich kenne die Menschen! Eher: Eben weil ich sie kenne, darum halte ich bei ihnen aus als der gute Hirte. Das kommt nirgends deutlicher heraus als dann, wenn er die Herde allein läßt, um sich nach den Verlorenen, den verirrten Schafen umzusehen. An ihnen und an der Mühe um sie wird den Gebliebenen oft noch am ehesten seine Liebe deutlich – und daran, daß er auch für die anderen da ist. Für jene, von denen es heißt: »Ich habe noch andere Schafe, die sind nicht aus diesem Stall.«
Wie es damit ist, das spiegeln die Verse von Christine Busta wider:

»Ich weiß nicht mehr, wann ich zuletzt dich traf.
Es ist mir nur ganz fern im Ohr geblieben,
und irgendeiner hat es sogar aufgeschrieben:
Du nanntest mich einmal dein ›andres Schaf‹.
Die frommen Lämmer fanden stets mich arg.
Doch keiner hat viel Müh an mich verloren,
und regelmäßig ward ich eines nur – geschoren.
Der Stall war schlecht und meine Weide karg.
Der Wachthund lag beim Feuer, satt, und schlief,
der Wolf hat nur im fetten Pferch gestohlen.
Sie suchten mich auch nicht und kamen mich nie holen,
wenn ich mich um ein Hälmchen Gras verlief.

So blieb ich eines Tags für immer fort,
ein Schaf, allein und fremd den fremden Tieren,
verirrt und siech, doch immer noch auf allen vieren,
und heimlich hoffend auf dein Hirtenwort.
Nun hat der Winter jede Spur verweht.
Es zischt der Schnee: Er hat sein Wort gebrochen.
Doch sterbend hör ich, tief in nasses Laub verkrochen,
wie draußen einer unaufhörlich näher geht.«

Jürgen Peylo

Spiegel

1. Korinther 13, 12

Sicher ist es Ihnen auch schon so gegangen, daß manchmal ganz alltägliche Dinge die Gedanken anstoßen, so daß irgend etwas in unserem Leben plötzlich in einem neuen Licht erscheint. In der Bibel können wir sogar lernen, daß alltägliche Dinge wie Essen und Trinken – oder auch ein Spiegel – zum Zeichen dafür werden können, daß Gott etwas mit unserem Leben zu tun hat. So erwähnt Paulus den Spiegel im 13. Kapitel des 1. Korintherbriefes:
»Wir sehen jetzt durch einen Spiegel in einem dunklen Wort; dann aber von Angesicht zu Angesicht. Jetzt erkenne ich stückweise; dann aber werde ich erkennen, gleichwie ich erkannt bin.«

Wie kommt wohl Paulus gerade auf den Spiegel?

Gesicht im Spiegel:
Vertraute Züge, doch die Augen forschend und fremd –
zeigt der Spiegel die Wahrheit?
Ein Lächeln, wie auf einer Maske,
eine Oberfläche, glatt und undurchschaubar.
Doch darunter verborgen
Träume, Pläne, heimliche Wünsche,
kaum bewußt und nicht eingestanden,
Müdigkeit, Sorgen und Angst
vor einer großen Leere, vor dem Abgrund.

Davon sprechen die Augen,
aber der Mund lächelt,
und der Spiegel wirft willig das Lächeln zurück.

Manchmal sind es nur Äußerlichkeiten, die man betrachtet, wenn man in den Spiegel schaut: die Krawatte, die Haare, die Falten. Aber unversehens kann es passieren, daß die Augen versuchen, tiefer zu sehen: Wer ist das eigentlich, der mich da aus dem Spiegel anschaut – zugleich vertraut und fremd? Kenne ich ihn wirklich? Weiß ich, welche Gedanken und Wünsche hinter diesen Augen, hinter dieser Stirn verborgen sind?

Zerrspiegel – ein lustiges Spiel,
keiner nimmt's auf dem Jahrmarkt ernst.
Runde Gesichter mit kurzen Beinen,
verbogne Gestalten, als Trugbild durchschaut.
Doch da las ich von einem Mädchen,
ein armes Geschöpf, verwachsen und häßlich,
das wurde im Zerrspiegel schön und schlank
und konnt sich fortan von dem Spiegel nicht trennen.
Habe ich nicht auch einen Zerrspiegel,
oder zwei oder drei,
in dem alles, was an mir häßlich und verbogen,
heil und vollkommen erscheint –
und ich liebe das Zerrbild mehr als die Wahrheit.

Wir wissen meistens recht gut, daß das Verhalten anderer Menschen uns gegenüber ein Spiegelbild des Eindrucks ist, den wir auf sie machen. Wenn ich unzugänglich, verschlossen, uninteressiert wirke, friert jedes Gespräch ein. Aber auch Vertrauen, das mir geschenkt wird, Bestätigung, Freundschaft, die mir entgegengebracht werden, sind zum Teil Spiegelbilder meines Verhaltens. Diese Spiegelung im Verhalten anderer

Menschen ist für uns lebenswichtig. Jeder sehnt sich danach, anerkannt, geliebt, bewundert zu werden. Nicht jedem Menschen erfüllt sich diese Sehnsucht. Liegt das am eigenen Verhalten – oder liegt das am Spiegel?
Es kann tatsächlich an beidem liegen.
Menschen spiegeln nicht immer objektiv – sie können Zerrspiegeln gleichen, in denen alles verbogen und häßlich erscheint, oder solchen, die schmeicheln und die alles viel schöner erscheinen lassen, als es in Wirklichkeit ist.
Und schließlich: Menschen kann man blenden und täuschen. Sind wir nicht oft geneigt, unserem Eindruck auf andere Menschen nachzuhelfen, indem wir in bestimmte Rollen schlüpfen, Masken anlegen, von denen wir wissen, daß sie gut ankommen – dynamisch, fleißig am Arbeitsplatz – interessiert und geistvoll im Freundeskreis – gut informiert und modern unter jungen Leuten – und, weil uns bei all dem Theaterspielen die Kräfte ausgehen: abgespannt und träge in der Familie.
Es ist gar nicht einmal gesagt, daß ich diese Rollen bewußt wähle und spiele. Oft ist es einfach so, daß ich mich unbewußt Erwartungen anpasse und daß ich zum Schluß selber nicht mehr weiß, wer ich wirklich bin, welches mein eigenes Gesicht ist – das am Arbeitsplatz, das abgespannte zu Hause, oder ein ganz anderes?

Gibt es Spiegel, die mir helfen, ohne Verzerrungen mein Gesicht zu sehen, die mir zeigen, was hinter all meinen Masken steckt?

Ein Spiegelsaal in einem Schloß,
die andern gingen schon,
ich blieb zurück.
Die vielen Spiegel, einst gedacht,
die Pracht der Feste zu vermehren,

verzeichnen unbarmherzig,
daß ich in diesem Raume Fremdling bin.
die staub'gen Schuh, die ungekämmten Haare,
saloppe Kleidung – welch Kontrast
zu Gobelins und goldnen Stukkaturen.
Schämt sich der Eindringling und flieht,
verunsichert und vor sich selbst erschrocken?
Hat er den Mut, der kalten Pracht zu spotten
und lächelnd seinen eignen Weg zu gehn?

Spiegel helfen, Distanz von sich selber zu finden, sich mit den Augen eines anderen zu sehen. Es ist nicht gesagt, daß dieser Anblick erfreulich ist. Wer weiß das schon vorher?
Ein Gespräch mit einem Psychologen oder in einer Selbsterfahrungsgruppe vermittelt vielleicht noch gründlicher dieses Spiegelerlebnis. Immer mehr Menschen suchen heute nach solchen Spiegeln. Nur wenige haben soviel Geld und Zeit, sich einer ausführlichen Psychoanalyse zu unterziehen. Die Teilnahme an einer Selbsterfahrungsgruppe, am sogenannten »Sensitivity Training«, ist leichter möglich. Die Teilnehmer solcher Gruppen sagen sich gegenseitig, welchen Eindruck jeder auf die anderen macht, wie seine Art zu reden und sich zu den anderen Gruppengliedern zu verhalten, ankommt. Da kann man gesagt bekommen, daß ein leises Lächeln, das man beim Zuhören zeigt, arrogant und abstoßend wirkt – oder daß man beim Reden rechthaberisch, unsicher oder verständnisvoll wirkt – je nachdem.
Man kann sich wie in einem Spiegelsaal vorkommen – von allen Seiten wird der Eindruck, den der einzelne macht, zurückgespiegelt. Feed back heißt das in der Sprache der Fachleute. Eine nützliche Sache, wenn man endlich einmal ehrlich gesagt bekommt, wie man wirkt – zumal die Gruppen in der Regel aus Leuten zusammengesetzt sind, die sich vorher nicht

kennen und die später nichts mehr miteinander zu tun haben werden.
Die Rückspiegelungen können heilsame Folgen haben, gerade, wenn sie zunächst unangenehm sind. Der eine wird versuchen, weniger arrogant zu wirken, der andere wird seine Zunge besser im Zaum halten und sich besser überlegen, was er sagen will.
Aber es ist auch nicht ausgeschlossen, daß ein Mensch den Blick in diese vielen Spiegel nicht aushält, daß ihm das Bild, das er seither von sich hatte, durch das, was ihm ungeschminkt gesagt wird, völlig zerstört wird – was dann?
Solange man in der Gruppe sitzt, mag es noch gehen. Aber dann ist man wieder allein, und wie Hammerschläge wirken die Worte nach, die alles Selbstvertrauen zerbrachen.
Natürlich kann so etwas auch außerhalb einer Selbsterfahrungsgruppe passieren, daß man unbarmherzig einen Spiegel vorgehalten bekommt: wenn zwei Eheleute im Streit einmal einander so richtig die »Wahrheit« sagen – Wahrheit ohne Liebe – oder wenn das ein heranwachsender Sohn gegenüber seinem Vater tut. Wer kann den Blick in einen solchen Spiegel aushalten? Wer kann die Wahrheit über sich selbst, ohne Liebe gesagt, anhören, ohne zu zerbrechen?

Zerbrochener Spiegel, glitzernde Scherben,
ein Ungeschick war's,
doch nun wird's zum Gleichnis.
Bizarr zerrissen erscheint der Raum,
Details klar gespiegelt von vielen Scherben,
doch geben die Teile kein Ganzes.
So erscheint dein Gesicht, dein Leben
dem, der's ohne Liebe betrachtet.

Wahrheit ohne Liebe zerstört. – Was kann man dann anderes tun, als die Scherben zusammenzulesen und so gut wie mög-

lich zu flicken? Trotz der Arbeit vieler Psychologen und Beratungsstellen, trotz vieler Bemühungen um eine bessere Selbsterkenntnis des Menschen wird unsere Welt nicht heiler und besser. Was nützt alle Selbsterkenntnis, wenn die Kraft nicht ausreicht, die erkannten Fehler und Schwächen zu überwinden?
Darum sucht man für ehemalige Suchtkranke Gruppen, die diesen Menschen Hilfe und Halt geben können. Alleingelassen, würden sie der Versuchung des Alkohols oder der Droge rasch wieder verfallen. Auch für ehemalige Strafgefangene ist es der einzige Weg, wirklich neu anzufangen, wenn sie Menschen finden, die sie gelten lassen, die sich um sie kümmern, die ihnen mit Verständnis und Liebe helfen.
Wie wenige gibt es aber, die bereit sind, eine solche Aufgabe zu übernehmen. Das kostet Zeit und Kraft. Und wie viele haben solche Hilfe nötig! Im Grunde sind wir alle darauf angewiesen, daß wir Menschen haben, vor denen wir unsere schwachen Stellen nicht krampfhaft verbergen müssen, die uns gelten lassen, so, wie wir sind. Nur dann, wenn wir den Rückhalt in der Liebe anderer Menschen haben, besteht auch die Möglichkeit, daß die Selbsterkenntnis zur Änderung und Besserung im Leben führt. Nur die Liebe kann verhindern, daß wir beim Blick in den Spiegel der Wahrheit zerbrechen oder einfach die Augen schließen müssen. Wahrheit und Liebe gemeinsam können zu einem neuen Anfang führen.

Woher aber nehme ich das Unmaß der Liebe, das ich brauche, um auch nur einige Menschen aus meiner Umgebung wirklich anzunehmen und ihnen zu helfen? Woher nehmen die anderen – Ehepartner, Kinder, Freunde – das Unmaß der Liebe, um mich anzunehmen und mir zu helfen? Auf die Dauer übersteigt diese Liebe alle menschlichen Leistungsmöglichkeiten.
Wenn wir Beispiele für eine grenzenlose Liebe suchen, müssen

wir wohl schon auf das Neue Testament zurückgreifen. In der Person Jesu haben wir beides: den Spiegel, der die verzerrten Gesichter der Menschen, die ihn verstoßen, zeigt, und die Liebe, die den gleichen Menschen das Tor zu Gott auftut. Aber wie kann ich begreifen, daß diese Liebe auch mir gilt, daß sie mir helfen will, die ungeschminkte Wahrheit über mein Leben zu ertragen? Manchmal berührt uns ein Hauch der Gewißheit, daß diese Liebe wirklich uns gilt. Aber dann verdunkeln wieder Zweifel und Fragen diese Gewißheit.

»Wir sehen jetzt durch einen Spiegel in einem dunklen Wort;
dann aber von Angesicht zu Angesicht.
Jetzt erkenne ich stückweise;
dann aber werde ich erkennen, gleichwie ich erkannt bin.«

So beschreibt Paulus im 1. Korintherbrief die Erfahrung, daß uns Gottes Liebe nicht begreiflich ist, daß wir sie nicht dingfest machen können. Diese Liebe begegnet uns zunächst nur in Worten – dann, wenn wir von Jesus lesen und hören, von seiner Predigt und von seinem Opfer. Wir hören gerade im Zusammenhang mit seinem Tod, daß Gott uns schon von Anfang an durchschaut hat, daß wir ihm nichts vormachen können. Aber wir hören auch: er liebt uns trotzdem. Diese Liebe will uns helfen, den Blick in den Spiegel der Wahrheit über uns selbst auszuhalten. Denn wir sehen plötzlich in diesem Spiegel nicht nur uns allein, sondern auch den Widerschein der göttlichen Liebe.

Menschen, denen wir begegnen, spiegeln uns nicht nur unser Bild zurück, sondern werden für uns zu Spiegeln der Liebe Gottes. Achten wir doch einmal wirklich darauf, wieviel Freundlichkeit und Hilfe wir schon von Menschen erfahren haben, denen wir selbst gar keinen Anlaß zu einem solchen Verhalten gaben. Wer darauf achtet, wird es bestätigen müssen: immer wieder wird uns ein Abglanz göttlicher Liebe zugespiegelt, manchmal gebrochen und durch den menschlichen Spiegel

verdunkelt – aber bei genauem Hinsehen doch: Abglanz der Liebe Gottes!
»Wir sehen jetzt durch einen Spiegel in einem dunklen Wort;
dann aber von Angesicht zu Angesicht.
Jetzt erkenne ich stückweise;
dann aber werde ich erkennen, gleichwie ich erkannt bin.«

Übrigens waren wir selber dann und wann für andere Menschen bestimmt auch schon Spiegel der Liebe Gottes. Sollten wir nicht versuchen, bewußter Liebe an andere Menschen weiterzuspiegeln? Weiterspiegeln kann man natürlich nur etwas, was man empfangen hat. Aber es wird sicher nur wenige Menschen geben, die noch keine Liebe empfangen haben. Daß wir nur sehr unvollkommene Spiegel der Liebe Gottes sein können, sollte uns nicht hindern, es trotzdem zu versuchen.

Wer hat den Spiegel meiner Seele
mit einem grauen Tuch verhängt?
Es schluckt die Strahlen der Liebe Gottes,
es wärmt sich selbst und gibt nichts weiter.
Herr, nimm das graue Tuch fort!
Daß deine Liebe sich weiterspiegelt
hin zu den Kindern, die sie brauchen,
hin zu den Fragenden, die sie suchen,
hin zu den Müden, die sie vergaßen,
und immer wieder auch zu mir zurück,
daß der Spiegel nie ganz dunkel wird.

Reiner Strunk

Leuchtendes Antlitz

2. Mose 34, 29 ff; Matthäus 17, 1–5

Es gibt eine kleine Anekdote über Diogenes, den sonderbaren Philosophen, der in einer Tonne hauste. Eines Tages, so wird erzählt, sei Diogenes herumgelaufen in den Straßen der Stadt, mit hastigem und aufgeregtem Gebaren. In seinen Händen habe er eine Laterne getragen, und das am hellichten Tage; er habe überall herumgefuchtelt mit seiner Laterne und laut gerufen: »Ich suche einen Menschen. Ich suche einen Menschen.«

Diogenes war nicht allein in der Stadt. Natürlich nicht. Er konnte bestimmt eine ganze Reihe Menschen finden – und fand trotzdem nicht, was er suchte mit seiner brennenden Laterne. Vielleicht hat er hier und da einem Menschen in die Augen gesehen, vielleicht hat er ab und zu seine Laterne hochgehoben und irgendein Gesicht abgeleuchtet, am hellichten Tage – und dann ist er doch weitergelaufen, anscheinend wie irr mit seinem dauernden Rufen: »Ich suche einen Menschen. Ich suche einen Menschen.«

Wenn wir die Geschichte so hören, werden wir vermutlich das Gefühl haben: ein bißchen irre ist das schon, was Diogenes da tut. Aber weshalb? Es könnte ja sein, daß der Philosoph irre geworden ist an den Menschen, mit denen er leben mußte. Wo er ging und stand, kam er mit Menschen zusammen; das ist klar. Aber was wert und würdig gewesen wäre, im Vollsinn des Wortes bereits »Mensch« zu heißen, das blieb merkwürdig verborgen. Ihm begegneten natürlich Gesichter von Menschen, einzeln oder reihenweise, aber ein wirklich menschliches Angesicht, ein Gesicht, das klar und eindeutig nichts anderes ausstrahlte als Menschlichkeit, das gab es offenbar nicht. Der Kauz Diogenes hatte das irgendwie empfunden. Er konnte herumlaufen mit einer Laterne am hellichten Tage; sie brachte auch nicht mehr ans Licht.

Vielleicht haben wir alle ein Stück von diesem Diogenes an uns. Wir laufen herum, oder sagen wir besser: Wir gehen die Wegstrecke unseres Leben ab – und suchen dabei den Menschen. Wir suchen irgendwie, auf irgendeine Weise das wahre menschliche Angesicht, unser wahres menschliches Angesicht. Was wir finden und finden können, ist zunächst recht weit entfernt davon. Im Alltag begegnen wir Menschen, mit denen uns nichts oder denkbar wenig verbindet. Sie bleiben uns gleichgültig. Ihre Gesichter strahlen nichts aus. Sie bleiben verschlossen wie Masken. Wir sehen Menschen, aber keine Menschlichkeit.

Masken. Alltagsgesichter. Es kann geschehen, daß wir mitten darunter sind und uns doch ganz einsam fühlen. – Und wir suchen den Menschen. Wir suchen das wahre menschliche Angesicht, das Gesicht, von dem man sagen könnte: Es strahlt wirklich aus, was wir entbehren: nämlich Menschlichkeit.

Ich habe den Eindruck: unser Leben kann farblos werden; es ist dann nicht bunt und grell erleuchtet und umgekehrt auch keineswegs düster und umnachtet, sondern einfach fahl und wie tot. Alles wiederholt sich mechanisch und in denselben Rhythmen: die Arbeit und die Art unserer Arbeit; genauso die Freizeit und die Art, wie wir sie nutzen. Die Gleichförmigkeit des Lebens malt sich ab auf den Gesichtern. Sie verlieren ihren Ausdruck, werden zu Masken, die man beliebig austauschen könnte. Sie bedeuten nichts.

Das wirklich menschliche Angesicht, das wir suchen, soll dagegen lebendig sein. Es muß etwas ausdrücken, das uns ergreift und nicht ohne weiteres wieder losläßt. Es muß etwas ausstrahlen, ein besonderes Gefühl, einen Schmerz, eine persönliche Leidenschaft. Wo das geschieht, kommt etwas von der Menschlichkeit des Menschen ans Licht. Wir finden die einfachsten und allgemeinsten Formen dafür im Lachen und im Weinen. Der Anthropologe Helmuth Plessner bemerkt: »Das strahlende Gesicht, die geglättete Stirn, die blitzenden Augen, der geöffnete Mund mit den aufwärts gezogenen Mundwinkeln, die prallen Wangen, das Spiel der Lichter ... sind der Widerschein einer strahlenden Welt ohne Schwere. – Im verhüllt-erschlafften Gesicht des Weinenden mit den tränenden Augen, die nicht mehr blicken, den abwärts gezogenen Mundwinkeln, der gefurchten Stirn, im haltlos-stoßweisen Schluchzen, Seufzen und Greinen malt sich eine verdunkelte Welt unter dem Druck lastender Schwere.«

Ich habe da einen Einwand. Gewiß, Helles und Dunkles, Licht und Schatten, gute und böse Erfahrungen können sich widerspiegeln auf unseren Gesichtern. Sie werden bewegt und lebendig dadurch. Ein lachendes Kind kann uns fröhlich stimmen, und ein weinender Greis wird kaum einen kalt und unbeteiligt lassen.

Trotzdem: Wir suchen das wahre menschliche Angesicht, nicht bloß das lebendige. Die persönlichen Gefühle und Stimmungen sind wechselhaft, niemand ist seines Frohsinns sicher über den vergnügten Augenblick hinaus. Und vor allem: der Mensch kann von allen möglichen Dingen bewegt sein – von seinen Sorgen, von seinem Erfolg, von allerlei Hoffnungen und Träumen, in die er sich verliert, von schönen Erlebnissen und Erinnerungen, denen er nachhängt, von der Angst, die ihn beunruhigt. Was ihn derart bewegt, mag sich durchaus abzeichnen auf einem sehr lebendigen Angesicht. Aber ist es deswegen schon das wahre menschliche Angesicht?

Der lebendige Mensch kann auf eigentümliche Weise mit sich selbst beschäftigt bleiben. Er ist dann nicht offen für andere Menschen, für das, was sie denken und sagen und erwarten. Er dreht sich im Kreise um sich selbst. Mit anderen Worten: er ist nicht frei. Und das ist sicher noch nicht, was wir suchen: das wahre menschliche Angesicht.
Freiheit – das wäre es also, was uns fehlt und was wir suchen. Wenn uns das Angesicht des wirklich befreiten Menschen überall entgegenleuchtete, dann wären wir am Ziel. Dann könnten wir uns erlauben zu lächeln und zu sagen: die Welt ist menschlich geworden, endlich.
Aber wir sehen, daß da viel im Wege liegt. Eine Fülle von Hindernissen, die sich nicht mit einem Schlag entfernen lassen: mancherlei Interessen und ihr rücksichtsloser Gebrauch; Macht und ihr schamloser Mißbrauch; Unterdrückung, Elend, Abhängigkeit. Die Welt ist zweigeteilt. Ein Platz an der Sonne gehört bloß der einen Hälfte; er wird besetzt gehalten von denen, die es sich leisten können. Im Licht, das Freiheit möglich machte, dürfen keineswegs alle wohnen, denen das Recht auf Menschlichkeit zusteht. Der bekannte Song aus der »Dreigroschenoper« sagt es so:

Denn die einen sind im Dunkeln,
und die andern sind im Licht;
und man siehet die im Lichte,
die im Dunkeln sieht man nicht.

Wir suchen das wahre menschliche Angesicht. Wir gewinnen den Eindruck, daß es verborgen und verdunkelt bleibt durch Unfreiheit, die nicht überwunden wurde. Ist es da erstaunlich, daß der Schrei nach gewaltsamer Selbstbefreiung des Menschen um die Welt geht und überall die Versklavten und Entrechteten erfüllt? Was ihnen vorschwebt, ist ja nichts Unmenschliches. Sie wollen ans Licht. Sie verlangen eine Freiheit,

die ihnen viel zu lange vorenthalten wurde. Sie suchen auf ihre Weise und in ihrem Stande, was wir alle suchen: das menschliche Angesicht, in dem sich das Licht der Freiheit widerspiegelt.
Zugegeben, wo das Recht auf Freiheit verweigert wird, aus was für Gründen immer, triumphiert die Verachtung des Menschen. Wir haben lange gelebt damit, mit einem erstaunlich unbeschwerten Gewissen. Heute erkennen wir, daß die Suche nach dem wirklich menschlichen Angesicht in die Irrre geht, wenn sie auf ihrem Wege die Sache der Freiheit geringschätzig übersieht.
Trotzdem: Haben wir wirklich alles erreicht, wenn Zwänge, Knechtschaft, Terror abgeschafft sind; wenn es überall auf dem Globus einen Platz an der Sonne gibt? Leuchtet uns dann bereits das unverstellte menschliche Angesicht entgegen? Kommt es sozusagen von selber ans Licht, wenn nur die schweren Dekken der Unfreiheit abgehoben sind? Liegt es schon ausgebildet und vollendet darunter, dieses wahre menschliche Angesicht; und kommt es bloß darauf an, daß die Schatten böser Menschen und böser Umstände, die es verdunkelt haben, endlich weggenommen werden?
Sicher kommt es *auch* darauf an. Aber vielleicht nicht nur. Wir sehen und wir begegnen Menschen, die sich einer großen Freiheit erfreuen. Und doch erkennen wir an ihnen noch nicht das menschliche Angesicht, das wir suchen. Das muß uns zu denken geben.

Vom Licht der Freiheit war die Rede. Und davon, daß es uns Menschlichkeit tragen sollen. Ich glaube, das ist richtig. Wir erleuchten muß, wenn unsere Gesichter das Kennzeichen von können dahinter nicht zurück. Wir können nur entschiedener vorwärts gehen und sollten es wohl auch. Denn da ist noch eine Frage offen, vielleicht die wichtigste. Das Licht der Freiheit soll uns leuchten, und wir sollen es widerspiegeln. Aber – wie geschieht denn das? Woher leuchtet uns dieses Licht? Aus irgendwelchen Dingen? Aus veränderten Verhältnissen? Aus uns selbst? Aus – Gott? Bringen wir dieses Licht hervor oder nehmen wir es entgegen? Gehört es uns oder gehören wir ihm? Wo ist seine Quelle?

Es gibt eine merkwürdige alte Geschichte; stoßen wir unvorbereitet darauf, bleibt sie uns einigermaßen unverständlich. Aber in dem Zusammenhang, der uns jetzt beschäftigt, fängt sie auf einmal an zu reden. Die Geschichte steht im zweiten Buch Mose und erzählt, wie Mose auf dem Berge Sinai Gott selber begegnet sei, sozusagen von Angesicht zu Angesicht:
»Als Mose danach vom Berge Sinai herabstieg, mit den Tafeln des Gesetzes in der Hand, da wußte er nicht, daß die Haut seines Antlitzes strahlend geworden war, während der Herr mit ihm redete. Als nun Aaron und alle Israeliten Mose sahen, da strahlte die Haut seines Antlitzes; und darum fürchteten sie sich, ihm nahe zu kommen. Aber Mose rief sie heran; da wandten sich Aaron und alle Fürsten in der Gemeinde ihm wieder zu, und Mose redete mit ihnen. Danach traten alle Israeliten heran, und er trug ihnen alles auf, was der Herr mit ihm auf dem Berge Sinai geredet hatte. Als aber Mose aufhörte, mit ihnen zu reden, legte er eine Hülle auf sein Antlitz. Und wenn Mose hineinging ins Zelt vor den Herrn, um mit ihm zu reden, dann legte er die Hülle ab, bis er wieder herauskam; und wenn er herauskam aus dem Zelt, teilte er den Israeliten mit, was ihm befohlen war. Dann sahen die Israeliten, daß die Haut auf dem Angesicht des Mose strahlte.«
Mir scheint, diese Geschichte erzählt auf eine bildhafte Weise von dem wahren menschlichen Angesicht. Es ist das Gesicht, das Lebendigkeit, Offenheit, Freiheit ausstrahlt – weil es Gott widerspiegelt. Der Mensch kommt zu seinem eigenen wahren

Wesen, wo er zu Gott kommt. Er findet sich selbst, wenn er von Gott gefunden wird. Das stellt Mose dar in dieser Geschichte. All unser Suchen nach dem menschlichen Angesicht ist in seinem tiefsten Grunde ein Suchen nach dem Angesicht Gottes. Das ist keine Wahrheit, die wir von vornherein wüßten. Wir entdecken sie erst, wenn wir auf dem Wege sind – wie Mose auf dem Wege war vom Land der Knechtschaft ins Land der Freiheit und des menschlichen Lebens. Unterwegs, auf der Suche nach uns selbst, können wir die Entdeckung machen: es braucht nicht weniger als einen wahren Gott, damit aus mir ein wahrer Mensch werde.
Erinnern Sie sich? Diogenes, der sonderbare Philosoph, lief aufgeregt herum in der Stadt, am hellen Tage mit einer brennenden Laterne in der Hand, und rief: »Ich suche einen Menschen. Ich suche einen Menschen.«
Friedrich Nietzsche (er hatte vielleicht einiges von der Sonderbarkeit des Diogenes an sich) greift diese alte Anekdote auf, verändert sie nur an einem Punkt. Er erzählt von einem tollen Menschen, der durch die Gassen der Stadt läuft, am hellichten Tage eine Laterne entzündet und ständig ruft: »Ich suche Gott! Ich suche Gott!«
Ist das etwas ganz anderes? Ich denke nicht. Die alte Geschichte, die von Diogenes erzählt wird, wird durchaus nicht auf den Kopf gestellt. Eher wird sie jetzt zu Ende erzählt, nämlich so: Wer den Menschen sucht, kommt einfach nicht daran vorbei, auch und zwar im tiefsten Grunde Gott zu suchen. Wer dem wahren menschlichen Angesicht begegnen möchte, der muß sich darauf einstellen, Gott zu begegnen; dem wahren Gott, der Menschen erleuchtet, wie er das Antlitz des Mose erleuchtet hat.

Der Geschichte von Mose, die wir gehört haben, entspricht recht deutlich eine kurze Erzählung im Neuen Testament. Ge-

wöhnlich haben wir das Gefühl, daß sie uns ganz fremd und unzugänglich geworden sei; vielleicht zu Unrecht.
»Nach sechs Tagen nahm Jesus den Petrus und die beiden Brüder Johannes und Jakobus beiseite und führte sie allein auf einen hohen Berg. Dort oben verwandelte er sich auf einmal vor ihren Augen, sein Angesicht leuchtete wie die Sonne, und seine Kleider wurden schimmernd weiß wie das Licht ... Die Jünger fanden sich plötzlich von Licht umgeben wie von einer Wolke, und sie hörten aus der Wolke eine Stimme rufen: Das ist mein lieber Sohn. In ihm leuchtet mein Licht. Ihn sollt ihr hören.«
Da ist also einer, der trägt das menschliche Angesicht, das wir suchen. Darauf will diese Geschichte hinaus. Da ist einer, der strahlt Menschlichkeit aus, weil er Gott ausstrahlt. Im Umgang mit Menschen breitet er Licht und Helligkeit aus, denn in ihm leuchtet Gottes Licht. Er macht Kranke gesund. Er gibt den Verzweifelten Hoffnung. Er stillt den Hunger nach Gerechtigkeit. Er wischt die Tränen ab von weinenden Gesichtern. Er gibt dem Schuldigen recht. Er befreit von Angst und Todesangst. – Ein altes Bekenntnis sagt: »In ihm ist Gott Mensch geworden.« Wir können das heute so übersetzen: »Da ist einer, der trägt das wahre menschliche Angesicht, das wir suchen; denn es ist das Angesicht, das erkennbar Gott ausstrahlt.« Das kann uns verwandeln. Es kann uns zu Menschen machen. Wir brauchen es nur leuchten lassen über uns.
Gerade so, wie es schon in der alten Segensformel aus der Mosezeit zum Ausdruck kommt, die uns eines und alles verspricht, nämlich ein wirklich menschliches Leben aus Gott:
Der Herr segne dich und behüte dich!
Der Herr lasse sein Angesicht leuchten über dir
und sei dir gnädig!
Der Herr erhebe sein Angesicht auf dich
und gebe dir Frieden. Amen.

Dorothea Margenfeld

Seufzende Kreatur – das Warten der Schöpfung

Römer 8, 19 ff.

Ob die Geschichte wahr ist oder bloß gut erfunden, das weiß ich nicht. Aber mir gefällt sie, und darum möchte ich sie Ihnen weitererzählen.
Ein Theologieprofessor hatte seinen Studenten schwierige Sätze zu erklären versucht, aus dem Brief des Paulus an die Römer. Da heißt es: Das ängstliche Harren der Kreatur wartet, daß Gottes Kinder offenbar werden. Denn auch die Kreatur wird frei werden zu der herrlichen Freiheit der Kinder Gottes. Denn wir wissen, daß alle Kreatur sehnet sich mit uns und ängstet sich noch immerdar . . . (aus Römer 8).
Nach der Vorlesung ging der Professor nach Hause, zu Fuß den steilen Berg hinauf. Die Sonne brannte unbarmherzig heiß auf ihn herunter und auch auf die Katze, die sich da plötzlich vor seinen Füßen so richtig wohlig streckte und dehnte. Eine Weile stand der Professor nachdenklich da, und dann brach es ganz tief aus ihm hervor: »Nu seufz doch, Kreatur!«
Wenn einer seufzt, dann sind es meistens wir selber: im Sommer über die Hitze und im Winter über die Kälte, und das ganze Jahr hindurch über die vielen Autos, über den Schmutz der Straßen und die Vergiftung der Luft und den Lärm überall; und daß immer mehr Felder und Wiesen und Waldstücke weichen müssen, damit Umgehungsstraßen, Flugplätze und Industrieanlagen gebaut werden können. Eine ganze Zivilisation seufzt der Natur, der Kreatur nach, die sie selber zerstört.
Wie gesagt: Wenn einer seufzt, sind es meistens wir selber.

Wenn die Vögel im Zimmer oder die Wildtiere im Zoo ihren Kopf am Käfiggitter reiben, dann seufzen wir über dieses Symbol unseres eigenen Eingesperrtseins. Und die Aufmerksameren unter uns seufzen wohl auch, wenn sie einen alten Menschen den Kopf aus dem Fenster strecken sehen, der sich wohl nicht mehr allein hinaustraut ins Verkehrsgewühl der Stadt und wohl auch niemanden hat, der mit ihm ginge. Und seufzend ertragen viele das zwischen lauter Betonwände eingesperrte Kindergeschrei, weil man ja weiß, daß da überall viel zu wenig Platz ist zum Spielen.

Aber das sind immer noch freundliche Bilder: ein Vogel, der den Kopf durchs Gitter streckt; ein Kind, das seine Nase an den Scheiben plattdrückt; ein alter Mensch hinter der Gardine. Das sind alltägliche, freundliche Bilder, die offenbar noch nicht an jenes Seufzen heranreichen, von dem Paulus spricht: das ängstliche Harren der Kreatur wartet; sie sehnt sich mit uns und ängstet sich.

Ängstliches Harren – wörtlich steht da: Vorstrecken des Kopfes, ängstliches, hungriges, sehnsüchtiges Vorstrecken.

Manchmal geschieht es, daß der gemütliche Vorhang, hinter dem wir für gewöhnlich leben, mit einem Mal aufreißt, und dann sehen wir, wie die ganze Welt gleichsam den Kopf vorstreckt: hungrig, sehnsüchtig, ängstlich. Wir spüren, wie sie unter der Last ihrer ungelösten Probleme seufzt und stöhnt und sich windet.

Bilder, Statistiken und Berichte artikulieren diese seufzende Welt, sprechen sie aus und zeigen, was ist. Viele Köpfe werden sichtbar, die sich vorstrecken: aus Schützengräben und Dschungelverstecken schauen sie, ob schon wieder die Bomber daherfliegen; auf den vertrockneten, dürren Feldern stehen sie und schauen, ob sich nicht endlich Wolken am Himmel zeigen; in den Gefängnissen warten sie auf den Tag der Freiheit und Un-

abhängigkeit für ihr Volk; auf den Straßen der Großstädte und in den Slums warten sie auf Arbeit und Unterkunft und auf die Chance, etwas zu lernen.
Eine ganze Welt sehnt sich und ängstet sich und hebt den Kopf und hofft, und viele heben den Kopf vielleicht auch nicht mehr und geben das vergebliche Harren und Hoffen auf.
Fatalismus und Resignation sind heimliche Großmächte unserer Zeit, genauso zäh und genauso gefährlich wie Fanatismus und Revolution.

Worauf wartet, worauf hofft die Welt?
Man kann darauf sicher sehr komplizierte und weitreichende Antworten geben. Ich will es aber ganz einfach zu sagen versuchen.
Die Welt wartet auf den neuen Menschen. Und sie weiß auch, wie dieser neue Mensch sein müßte. Mutig müßte er sein, infiziert mit einer unbesiegbaren Hoffnung, die auch andere ansteckt. Frei müßte er sein, frei von Selbstsucht und Ehrgeiz und bereit zum Opfer. Und brüderlich müßte er sein, solidarisch mit allen, die keine Freunde, keine Chancen, keine Rechte haben.
»Das ängstliche Harren der Kreatur wartet, daß Gottes Kinder, Gottes Söhne offenbar werden . . .«
Söhne Gottes – das sind mutige, freie, brüderliche Menschen. Ihre Stärke ist die Hoffnung. Und hoffen hat dem ursprünglichen Wortsinn nach etwas mit »hüpfen« zu tun, also: vor Erwartung aufspringen.
Darauf wartet, danach sehnt sich die Welt: daß Menschen erscheinen, die nicht seufzend den Kopf hängen lassen oder ihn zaghaft und mühsam ein bißchen heben, sondern die ungeduldig und erwartungsvoll aufspringen und sich umsehen und in den Lauf der Dinge eingreifen, wo immer das möglich und nötig ist.
Vielleicht wird dies in unseren relativ stabilen, relativ gerech-

ten, relativ sozialen Verhältnissen gar nicht so deutlich sichtbar. Wir erleben weder jene am Boden liegende, fast unheilbare Mutlosigkeit der Massen noch ihr hungriges, sehnsüchtiges Heben und Vorstrecken des Kopfes noch das plötzliche Aufspringen derer, die eine Hoffnung haben. Diese harten, explosiven Gegensätze sind bei uns zulande eingeebnet, verschwommen, lauwarm.

Ich möchte deshalb von einem Aufbruch der Hoffnung berichten, der sich weit weg von uns abgespielt hat, in Perus, einem Vorort von São Paulo in Brasilien.
Die Arbeiter einer großen Zementfabrik befinden sich in einer hoffnungslosen Situation: ihre Bezahlung war bereits vier Monate im Rückstand; die Vereinbarungen über den Bau von Arbeiterhäusern, für die der Betrieb Gehaltsabzüge vorgenommen hatte, waren nicht eingehalten worden. Der Unternehmer ist zugleich Besitzer verschiedener anderer Fabriken und Abgeordneter im brasilianischen Parlament. Die Arbeiter sind völlig ohnmächtig und ergeben sich, um ihren Arbeitsplatz nicht zu verlieren, in die hoffnungslose Situation. Da entschließt sich die kleine Gewerkschaftsgruppe, die ein brasilianischer Christ – als Fachjurist – aufgebaut hatte, zum Streik. Dieser Streik dauerte fünf Jahre. Er war nur möglich durch die Solidarität anderer Arbeiter, die mit ihrem knappen Lohn die Streikenden unterstützten, und durch die Solidarisierung einflußreicher, spendenfähiger Freunde.
Schließlich faßte der Unternehmer den Entschluß, arbeitslose Brasilianer durch Überbezahlung dafür zu gewinnen, daß sie die Arbeit im Betrieb aufnahmen. Viele strömten zusammen, und schließlich war es soweit: Die ersten Zementsäcke wurden auf Lastwagen geladen und zum Abtransport vorbereitet. Das Tor, vor dem die Streikenden Wache hielten, ging auf. Der erste Lastwagen wollte hinaus.

Es war ein dramatischer Augenblick. Sollten sie den Streik abbrechen? Das Unrecht seinen Lauf nehmen lassen? Das konnten sie nicht.
Erst war es einer, dann waren es zwei, schließlich mehrere, die aufsprangen, sich vor den heranrollenden Lastwagen auf den Boden warfen. Es waren Familienväter. Sie setzten ihr Leben ein für Tausende von Familien, deren Kinder als freie, geachtete Menschen heranwachsen sollten.
Der erste Lastwagen rollte heran. Der Lenker zögerte nicht. Er war bezahlt; er mußte an das Glück seiner eigenen Familie denken. Nur noch eine Spanne, dann würde sich das Unheil vollziehen. In diesem Augenblick stürzte ein Polizist herbei – ein zweiter, mehrere. Entschieden stellten sie sich zwischen das Lastauto und die am Boden liegenden Männer. Sie konnten nicht länger nur die Interessen des Unternehmers schützen; das war unmenschlich. Ihr Gewissen war gepackt von dem Mut dieser Arbeiter, die um der Gerechtigkeit willen bereit waren, sich zu opfern.
Zitternd und schweißbedeckt erhoben sich die Männer aus dem roten Staub der Straße. Von diesem Tage an wußten sie es: der Streik war gewonnen. Es gab noch Hoffnung.

»Das ängstliche Harren der Kreatur wartet, daß Söhne Gottes offenbar werden.«
Die Welt wartet, daß mutige, freie, brüderliche Menschen aufspringen, um sich dem scheinbar unaufhaltsamen Lauf der Dinge entgegenzuwerfen. Nicht immer geschieht das so dramatisch wie in Perus. Aber Zeichen der Hoffnung geschehen tausendfach im kleinen, wo immer ohnmächtige Leute plötzlich ihre Macht und mächtige Leute plötzlich ihre Verantwortung entdecken.
So viele Menschen – oft auch wir selber – finden sich einfach ab mit dem, was ist: mit ihren begrenzten Fähigkeiten, mit den

deprimierenden Verhältnissen, mit viel sinnlosem Leerlauf in ihrem Leben. Sie sind geduldig. Aber ihre Geduld ist ohne Hoffnung; sie ist bloße Resignation. Schon von Kindern hört man manchmal solches ergebene, resignierte Seufzen: ich bin eben unbegabt; ich kann mich halt nicht konzentrieren; ich verstehe mich eben nicht mit meinen Eltern.
Und dann geschieht es doch, daß ohnmächtige Leute plötzlich ihre Macht entdecken und merken, was sie alles können, und aufspringen mit einer neuen Hoffnung. Wer nie Zeit hatte, nimmt sie sich plötzlich. Wer immer vom Tempo gejagt wurde, tut langsam und bringt nun sogar mehr fertig. Wer sich immer begnügte und zufrieden gab, traut sich plötzlich etwas zu. Wer immer nur ein Rädchen war, begreift seine Funktion im Ganzen und beschließt, wenn es sein muß, auch einmal still zu stehen oder sich quer zu stellen.
Und die Mächtigen? Die sitzen an den Schalthebeln ihrer begrenzten Macht, haben eine gewisse Übersicht und einen gewissen Einfluß. Sie hören gleichsam das Seufzen der Strukturen und merken, wieviel da zu ändern wäre. Aber sie erliegen der Vielzahl der Probleme und den Sachzwängen und Notwendigkeiten. Sie sind mächtig und können doch nichts tun. Ihre Hände sind gebunden.
Und dann geschieht es doch, daß solche mächtigen Leute auf einmal ihre Verantwortung entdecken und merken, wieviel Spielraum sie in Wahrheit haben. Und wo seither nur Leistungszwang, Profit und Prestige diktierten, da gelten plötzlich ganz neue Worte etwas: Gerechtigkeit, Frieden, Solidarität. Zeichen der Hoffnung geschehen so, und immer wieder können in der Welt ein paar Seufzer glücklich verstummen.

Aber immer weiter steht die Hoffnung in einem mühsamen Zweifrontenkrieg.
Da sind die einen, die Geduld und immer wieder nur Geduld

predigen, bis die Geduld erlahmt und einem müden Fatalismus weicht oder der vagen Hoffnung auf ein besseres Leben in der jenseitigen Welt.
Und da sind die andern: Leute, die beinahe explodieren vor Ungeduld und die mit dieser explosiven, revolutionären Ungeduld die anderen anstecken. Weitgespannte Hoffnungsbilder tragen sie vor sich her: das marxistische Paradies der klassenlosen freien Weltgesellschaft oder das christliche Gottesreich der Gerechtigkeit und des Friedens oder ein Bild, in dem beides sich vermischt. Diese Zukunft wollen sie realisieren, und sei es mit Gewalt, und sei es auf Kosten der Gegenwart und der jetzt lebenden Menschen.

Müder Fatalismus auf der einen Seite – heißer Fanatismus auf der andern, und zwischen diesen Fronten Leute, die im Horizont einer von Menschen nie erfüllbaren, größeren Hoffnung leben und wirken. Sie haben wohl auch Hoffnungsbilder vor sich, aber sie sind nicht darauf fixiert. Sie wollen nicht um jeden Preis, vor allem nicht um den Preis der Freiheit des anderen, ihre eigenen Zukunftsträume realisieren. Aber sie gewinnen im Horizont der Hoffnung Mut, stückweise gerechtes Leben zu ermöglichen, fragmentarisch Hoffnungen zu erfüllen, da und dort Sehnsüchte und Seufzer aufzunehmen und zu beantworten, überall Herzen zu mobilisieren und zu revolutionieren, daß sie sich öffnen für das, was werden will, und mitmachen bei dem, was kommen soll.
Sie sind keine Träumer, aber sie haben einen Traum. Sie sagen ja zu dem Boden unter ihren Füßen, sie überspringen nicht die Realität, aber sie leben erhobenen Hauptes in der Welt, sie schauen aufmerksam und wach der Zukunft entgegen. Das sind Leute, die den untermenschlich lebenden Fatalisten wieder Hoffnung geben und ein neues Selbstbewußtsein; und Leute, die den unmenschlich und übermenschlich werdenden Fana-

tikern wieder die Macht der Geduld und des gespannten Wartens nahebringen.

Es entsteht so noch lang keine Welt ohne Seufzer, keine Welt ohne Tod und Leid und Geschrei. Es entsteht so noch nicht die neue Welt. Aber die alte Welt, in der wir leben, wird ein wenig erträglicher und menschlicher.
Wenn jemand seufzt, sind es meistens wir selber. Die seufzende Welt wird beharrlich übertönt, von uns und von andern. Und kaum hörbar sind jene anderen Seufzer, die zu tief sind für Worte und zu tief, als daß Menschen einander da endgültig helfen könnten.
Das sind die Seufzer, mit denen wir wortlos nach der neuen Welt und dem neuen Leben schreien, nach dem Tag, an dem Gott alle Tränen abwischen wird von unseren Augen und an dem wir sein werden wie die Träumenden.

Martin Hörrmann

Spiel / Sport

1. Korinther 9, 24–27

Bei einer der letzten Fußballweltmeisterschaften soll etwa ein Fünftel der Menschheit direkt oder indirekt als Zuschauer und Zuhörer beteiligt gewesen sein. Hier ist mit einer nüchternen Zahl die große Faszination dieses Spiels ausgedrückt. Ist es – wie kritische Stimmen behaupten – wirklich nur billige Sensationsgier, welche die Menschen anzieht und gar so sehr in Bann schlägt, daß zur Zeit der großen Spiele Fabriken arbeitsunfähig und Parlamente beschlußunfähig werden? Die Pflichterfüllung ist uns Deutschen doch wohl so sehr in Fleisch und Blut eingegangen, daß diese Erklärung sicherlich zu einfach ist. Wer der Anziehungskraft des Spiels auf die Spur kommen will, muß tiefer blicken. Der Dichter Manfred Hausmann hat vor einiger Zeit einmal vom Spiel als einem »Spiegel des Lebens« gesprochen. Und in der Tat, hellsichtigen Menschen ist gerade die Gleichnisfähigkeit des Sport immer wieder aufgefallen. So verwendet schon Paulus in seinem ersten Brief an die korinthische Gemeinde den Sport seiner Zeit als Gleichnis für das christliche Leben. Daran überrascht zweierlei: einmal, daß er es wagt, den Sport überhaupt als Mittel zum Verständnis der christlichen Existenz zu gebrauchen. Denn er bezieht sich nicht nur auf den vergleichsweise harmlosen Wettlauf, sondern ausdrücklich auch auf das Boxen, das damals an Härte nichts zu wünschen übrig ließ. Zum zweiten fällt auf, daß er christliches Leben und sportliches Spiel überhaupt zusammendenkt. Denn nach landläufigem Verständnis ist ein Spiel nichts Ernstes, die christliche Existenz dagegen eine todernste Angelegenheit.

Paulus ist ein Lehrmeister wahren Lebens. Also werden wir beim Nachdenken über seine Sportbilder wohl über Spiel und Leben eines Besseren belehrt, wenn wir es mit ihm wagen, christliches Leben und sportliches Spiel zusammen- und nicht auseinanderzunehmen. Ich will dies versuchen. Es ist ein abenteuerliches Unterfangen, und die Konsequenzen sind gar nicht abzusehen.

Paulus hebt an der Stelle, auf die ich mich beziehe, drei Elemente des sportlichen Spiels hervor: einmal den Willen zum Sieg, zum anderen die Askese der Wettkämpfer und zum dritten die Glaubwürdigkeit des Sportlers. Wörtlich führt er am Ende des 9. Kapitels des 1. Korintherbriefes aus:

»Wisset ihr nicht, daß die, so in der Kampfbahn laufen, die laufen alle, aber einer empfängt den Siegespreis? Laufet so, daß ihr ihn erlanget! Ein jeglicher aber, der da kämpft, enthält sich alles Dinges; jene nun, daß sie einen vergänglichen Kranz empfangen, wir aber einen unvergänglichen. Ich laufe aber so, nicht als aufs Ungewisse; ich fechte so, nicht als der, der in die Luft schlägt, sondern ich züchtige meinen Leib und zähme ihn, daß ich nicht den anderen predige und selbst verwerflich werde.«

Wer einem sportlichen Spiel zuschaut, ist genau von diesen drei Merkmalen beeindruckt: vom Siegeswillen, von der Askese und von der Aufrichtigkeit. Uns imponiert die Anspannung aller Kräfte um des Sieges willen, die Entbehrungen, die einer auf sich nehmen muß, wenn er siegen will, und die Unmöglichkeit, so zu tun, als könne man in einem Wettkampf mithalten, es dann in Wirklichkeit aber doch nicht kann. Im Sport mag einer noch so überzeugende Worte für seine Leistungsfähigkeit finden: Der Wettkampf ist die Stunde der Wahrheit. Hier kommt heraus, ob einer nur große Reden führen oder ob er seine Worte unter Beweis stellen kann.

Wer einen sportlichen Wettkampf mit wachen Sinnen verfolgt,

dem geht auf, daß hier das Leben gespielt wird. Man erkennt auf einmal: die da unten in der Arena, die spielen ja mich! Denn auch ich muß doch in meinem Leben allen Willen zusammennehmen, um Erfolg zu haben. Auch ich muß doch, wenn ich ein Ziel erreichen will, Entbehrungen auf mich nehmen. Auch bei mir gibt es die Augenblicke, in denen ich offenbaren muß, was an mir wirklich dran ist. Sportler sind Schau-Spieler. Sie lassen mich Merkmale meines Lebens in ihrem Spiel schauen.

Wer sich mit der Rolle des Zuschauers nicht begnügt, macht eine weitere wichtige Erfahrung. Er merkt plötzlich, daß der Wille zum Erfolg, die Konzentration der Kräfte auf ein Ziel hin, der Kampf ums Dasein im Spiel plötzlich ihre Gefährlichkeit verlieren. Was außerhalb des Spiels oft sehr schnell zu einer Existenzfrage werden kann – etwa, wenn einer beruflich nicht mehr mitkommt –, wird im Spiel entschärft. Wohl werde ich versuchen, auch im Spiel mein Bestes zu geben und ganz bei der Sache sein. Aber gerade unter dem Schutz des Spiels spüre ich, daß hier im Spielraum eine Geborgenheit und eine Freiheit herrschen, die dem Rennen und Jagen, dem Fechten und Kämpfen ihre Giftigkeit nehmen. Hier im Spiel kann ich die Erfahrung machen, daß der Leistungswille des Menschen vom Krampf der absoluten Selbstbehauptung und Daseinssicherung um jeden Preis befreit werden kann. Diese heilsame Wirkung, die vom Spiel auf die Lebenshaltung eines Menschen ausgehen kann, ist ein weiterer Grund für die Faszination, die von einem Spiel oft ausgeht.

Freilich, das Spiel schlägt nur allzu oft – gerade heutzutage – um in gefährlichen Ernst. Der Schutz und die Freiheit, die es einem erlaubten, in Kampf und Leistung sich nicht dauernd selbst-behaupten und bestätigen zu müssen, sind plötzlich wie weggeblasen. Plötzlich ist kein Unterschied mehr zum sonstigen Leben zu erkennen. Das Spiel ist aus.

Jedoch: Auch wenn wir so gut spielen und es vor dieser Verderbnis bewahren könnten, so findet doch auch das beste Spiel sein Ende. Die andere Seite des Lebens fordert wieder ihr Recht. Wir müssen zurück in die sogenannte »rauhe Wirklichkeit«.
Weil der Mensch diese Erfahrung immer wieder macht, fällt er auch immer wieder der Versuchung zum Opfer, das Spiel als eine Flucht aus der Wirklichkeit des Alltags zu mißbrauchen. Aber das Spiel ist keine Insel der Seligen mehr. Die Tatsache, daß es umschlagen kann in tödlichen Ernst, und die Tatsache, daß wir immer wieder aus den Spielräumen heraus und in die rauhe Luft anderer Lebensbereiche hinein müssen, zeigt ja, daß die Seligkeit des Spiels in Wahrheit eine Illusion ist. Der schmerzhafte Riß, der durch unsere ganze Wirklichkeit geht und der anzeigt, daß die Ganzheit der Welt zerbrochen ist, wird nicht zuletzt gerade im Spiel besonders eindrucksvoll erfahren. Aber so hat auch der spielende Mensch eine besonders starke Ahnung für eine heile, ganze Welt, und je mehr einer sich als Zuschauer, oder besser noch, als Mitspieler ganz dem Zauber eines Spiels hingibt, desto mehr bewegt ihn die Frage, ob es denn keine Möglichkeit mehr gibt, die verlorene Ganzheit wiederzugewinnen, das Auseinanderklaffen unserer Wirklichkeit zu überwinden, die spielerische Erfahrung des entgifteten Kampfes für andere Teile des Lebens fruchtbar zu machen.

Kehren wir mit dieser Frage zu Paulus zurück. Paulus benutzt, wie wir sahen, Merkmale des sportlichen Spiels, um das Leben des Christen zu charakterisieren. Christlich leben heißt: sich anstrengen, wetteifern, siegen wollen; es heißt: Entbehrungen auf sich nehmen, leben ohne Heuchelei. Christlich leben heißt: darum wetteifern, im Einklang mit dem Willen Gottes zu sein. Dieser Wetteifer steht aber laufend in der Gefahr, verfälscht und verdorben zu werden. Zum Beispiel kann man ihn so verderben, daß der Christ durch die Erfolge, die er hoffentlich in seinem Kampf erringt, überheblich wird. Es ist ja gar nicht schwer, christliche Lebenserfolge zum Ruhm für die eigene christliche Leistungsfähigkeit zu mißbrauchen. Aber es gibt auch das Umgekehrte: gerade weil der Christ weiß, daß das endgültige Wort über den Wert seines Lebens nicht von seinen Siegen oder Niederlagen abhängt, steht er natürlich in der Gefahr, die Zügel einfach schleifen zu lassen. Aber wie schlecht und unbefriedigend ist ein Spiel, bei dem man nicht ganz bei der Sache ist!

So ist es doch wohl mehr als ein Zufall, wenn Paulus echtes, wahres Leben am sportlichen Spiel demonstriert, wo äußerste Anstrengung und größte Gelassenheit, ganzer Ernst und vollkommene Heiterkeit in ihrer geheimnisvollen Einheit aufleuchten.

Befinden wir uns nicht überall da, wo die letzten großen Gegensätze des Lebens wieder in einer Einheit sichtbar werden, im Raum eines Spiels, das man gar nicht anders als von Gott selbst her begreifen kann?

Ist nicht das Leben Jesu davon gekennzeichnet, daß er unsere Schuld und Gottes Barmherzigkeit, Liebe und Gerechtigkeit, Freiheit und Bindung, Freude und Trauer, Tod und Leben in ihrer ganzen Unvereinbarkeit, aber auch Zusammengehörigkeit, in einem geheimnisvollen göttlichen Spiel wieder sichtbar, für uns erlebbar und für uns fruchtbar macht?

Stehen wir da nicht auch fasziniert als Zuschauer bei dem Geschehen, das Gott mit Jesus in dieser Welt begonnen hat? Sehen wir, daß da einer uns unser Leben mit seinen entscheidenden Problemen vorspielt? Daß die Liebe Gottes das Spiel mit unserer Welt eingeht und daß dabei, weil Gott selbst dieses Spiel in Gang setzt und in Gang hält, nichts, aber auch gar nichts vom Ernst des Lebens abgebrochen wird – aber anderer-

seits uns der Ernst nicht mehr gefährlich werden kann? So daß die Erfolge und Siege im Leben nicht zur Erhöhung des eigenen Prestiges oder zum Beweis der Überlegenheit der eigenen Rasse und Gesellschaft mißbraucht werden müssen, sondern ihren Platz da haben, wo sie hingehören: in die Freude am Spiel Gottes mit der Welt und nicht in die schale Befriedigung am Spiel des Menschen mit sich selbst? Und was nicht als Erfolg und Sieg gefeiert werden kann, das ist im göttlich inszenierten großen Spiel dann auch nicht mehr Anlaß zum Verzweifeln, kein Grund für Minderwertigkeitsgefühle und Resignation, sondern aufgehoben und geborgen in der Allmacht Gottes. In der Schutzzone dieses Spiels darf dann sogar der Tod keine Schrecken mehr verbreiten, weil da, wo Gott in dieser Welt am Werk ist, der Mensch wieder hineingenommen ist in die ursprüngliche, heile und ganze Schöpfung Gottes.
Wer erschrickt nicht ein wenig, wenn das, was Gott durch Jesus getan hat, mit Spiel bezeichnet wird? Aber ist nicht eben dies ein Kennzeichen des Wirkens Gottes, daß Gott am liebsten Dinge benützt, von denen wir oft nicht viel, vielleicht gar nichts halten, um damit seine Herrlichkeit erscheinen zu lassen? Sollten wir nicht auch an dieser Stelle wieder einmal traditionelle Bahnen verlassen und über Gott anders denken und reden lernen müssen als bisher?
Könnte es nicht sein, daß Gott sich uns heute in dem Lebensbereich, den wir Spiel nennen, in besonderer Weise verständlich machen will, gerade weil es der Bereich ist, wo unzählige Menschen wieder oder noch eine Faszination erleben, die ihnen sonst weithin – etwa im Beruf – versagt bleibt? Und wenn dies so wäre, könnten dann nicht die Spiele der Menschen am göttlichen Spiel genesen?
Wer erkennt, daß beim Spiel das Zuschauen nicht das Letzte ist, sondern daß das Spiel zum Mitspielen auffordert, der wird auch einsehen, daß er in der Rolle des Zuschauers – auch des

faszinierten Zuschauers – dem göttlichen Spiel nicht gerecht wird.
Aber wo und wie kann ich da mittun, wenn ich möchte? Und wer möchte hier eigentlich nicht mitmachen, wenn die Chance besteht, das Leben spielerisch zu leben, in der Freiheit und Geborgenheit, mit dem verpflichtenden Ernst und mit der heiteren Gelassenheit, welche die heile und ungebrochene Welt Gottes kennzeichnen? Wer möchte hier nicht mitmachen, wenn diese Lebenshaltung auf dem Spiel steht? Das würde ja die Rückkehr in die Freude und in die Seligkeit bedeuten, die wir oft schmerzlich vermissen. Wo und wie könnte man dieses Spiel mitspielen?

Ich will mich auf zwei Hinweise beschränken:
Einmal kann jeder, der will, sich anhand der biblischen Texte über Jesus von Nazareth ein Bild und eine Vorstellung machen. Man kann an ihm die Regeln, nach denen in diesem Spiel verfahren wird, erkennen und sich hier Anleitung und Weisung holen.
Aber das genügt nicht, obwohl es zweifellos von entscheidender Bedeutung ist. Wir brauchen darüber hinaus die Gemeinschaft derer, die sich ebenfalls auf dieses Spiel einlassen. So wäre die Kirche die Spielgemeinschaft, der Spielraum all derer, die die Aufforderung Gottes angenommen haben? In der Tat, ich bin dieser Meinung. So wie der Glaube des Volkes Israel vielleicht das Abgründigste über die Schöpfung ausgesagt hat, als er die Welt bei ihrer Erschaffung durch Gott von der göttlichen Weisheit umspielt besang, so ist vielleicht das tiefste Geheimnis der Kirche im Blick, wenn man sie als das göttliche Stadion in dieser Welt begreift, in dem das Leben jetzt schon vor dem sichtbaren Anbruch der neuen Welt Gottes wieder auszuhalten ist, ohne daß dem Leben etwas von seinem Ernst und seiner Verpflichtung, aber auch nichts von seiner Heiter-

keit und Schönheit genommen wird. Diese Kirche, die göttlich garantierter Spielraum ist, wäre freilich nicht ohne weiteres mit Kirchenmauern, kirchlichen Organisationen und Konfessionen gleichzusetzen. Sie wäre überall da möglich und wirklich, wo Menschen sich im Namen Jesu, dem Anführer und Leiter in diesem Spiel, zu einer Gemeinschaft zusammenfinden, um miteinander diese Chance zu realisieren.

Gemeinschaft der spielenden Kinder Gottes – welche Wirkungen könnten von einer solchen Kirche ausgehen! Sie könnte Menschen dazu fähig machen, in gleichem spielerischen Geist die Verkrampfungen in anderen Lebensbereichen zu lösen. Eine solche Kirche, von der Wirkungen nach Zeit und Ewigkeit hin ausgehen, wird in dem Augenblick kein Wunschbild mehr sein, in dem wir uns der Aufforderung Gottes nicht mehr länger entziehen, sondern mit ihm im Namen Jesu das große Spiel wagen.

Martin Baisch

Die Gemeinde – ein Leib

1. Korinther 12, 12 ff.

Paulus nennt im 12. Kapitel des ersten Korintherbriefs die Kirche einen »Leib« und sagt: »Ihr seid der Leib Christi.« Nun kann man nicht von Leib, also auch nicht von Kirche reden und damit eine Größe für sich meinen. Jeder Leib hat seine Beweglichkeit, sein Wohlbefinden, seine Grenzen, seine verwundbaren Stellen – und eben so, wie er leibt und lebt, ist er nicht für sich, sondern er ist ein Instrument des Kontaktes.

Natürlich kann ein Mensch statt dessen sagen: Mein Leib gehört mir, ich kann mit ihm machen, was ich will, ich beschäftige mich vorwiegend mit seinen Interessen. Wenn das wirklich möglich wäre, dann könnte selbstredend auch die Kirche sich unbekümmert mit ihrem Leib und seinen Interessen, mit sich selber beschäftigen und damit jene herausgeputzte Bedeutungslosigkeit einhandeln, die jeden Egoisten so komisch wie ungenießbar macht. Diese Haltung wird mit dem Begriff »Leib« sozusagen schon anatomisch widerlegt: wir haben ja eine Sprache, die Kontakte schafft; Hände, die gestalten; Füße, die einen Weg gehen; Augen, die weinen können. Was man also Leib nennt, ist immer ein Mittel der Kommunikation. Er verkörpert die Beziehung zu anderen. Die Art, wie wir diese Beziehung gestalten, anders ausgedrückt: welcher Geist unseren Leib erfüllt und uns sozusagen in die Glieder fährt, das entscheidet darüber, in welchem Sinne wir lebendig sind.

Paulus sagt: »Wir sind durch einen Geist alle zu einem Leib getauft, wir seien Juden oder Griechen, Unfreie oder Freie,

und sind alle mit einem Geist getränkt«, nämlich mit dem Geist Christi.
Sich auf diesen Geist Christi zumindest versuchsweise einzulassen, halte ich noch immer für unerläßlich und lohnend, wenn man dahinterkommen will, was Lebendigkeit ist. Ich will dazu einige Gedanken beisteuern und dabei vorneweg sagen, daß sie mir ohne die Anregungen nicht eingefallen wären, die der christliche Glaube gibt.

Zunächst: *Lebendigkeit, also lebendiges, erfülltes, geglücktes Leben, ist etwas anderes als Aktivität und Leistungsfähigkeit.* Wer uns das Gegenteil weismacht, der unterschlägt die Möglichkeit, daß er selber einmal alt, krank, unproduktiv, müde werden kann. Christus hat sich jedenfalls den Mühseligen und Beladenen zugewandt. Es gibt Menschen, die an Leistung und Aktivität wenig zu bieten haben, bei denen man aber manchmal auf eine äußerste Lebendigkeit des Geistes, der Offenheit und der Phantasie stößt. Sie kennen womöglich selber solche Leute, die das Werbefernsehen noch nie ins Bild gesetzt hat, weil sie im Rollstuhl fahren, die gelbe Binde am Jackenärmel oder den Kummer auf dem Gesicht tragen – und doch eine eigentümliche Lebendigkeit ausstrahlen. Ein Beispiel dafür sind mir die Worte eines unbekannten amerikanischen Soldaten, wie sie in der Eingangshalle eines Krankenhauses zu lesen sind:

»Ich bat Gott um Kraft, etwas zu leisten –
Ich wurde schwach, auf daß ich in Demut gehorchen lerne;
Ich bat um Gesundheit, um Größeres zu tun –
Ich erhielt Krankheit, auf daß ich Besseres tue;
Ich bat um Reichtum, um glücklich zu werden –
Ich erhielt Armut, auf daß ich weise werde;
Ich bat um Macht, um Menschenruhm zu ernten –
Ich erhielt Schwäche, auf daß ich Gottes Hilfe suche;

Ich erbat alles, um mich des Lebens zu erfreuen –
Ich erhielt das Leben, um mich an allem zu erfreuen;
Ich bekam nichts von dem, was ich erbat –
und doch alles, was ich erhofft hatte,
fast gegen mein Wollen fand unausgesprochen Beten Erfüllung.
Unter allen Menschen bin ich sehr reich gesegnet.«

Das ist offensichtlich nicht das Lob der Leistungsfähigkeit, sondern der Lebendigkeit. Nur sie kann offenbar die Erfahrungen des Schicksals in die Sprache der Dankbarkeit übersetzen. Der Ausdruck »Leib Christi«, den Paulus verwendet, bringt mich auf einen weiteren Gesichtspunkt:

Lebendigkeit ist die Kunst des Zusammenspiels. Lebendigkeit ist also nicht zunächst Darstellung privaten Wohlbefindens und sonnengebräunter Vitalität, Abwesenheit von Magengeschwür und Kreislaufstörung. Lebendigkeit heißt vielmehr: bewußt in einem Geflecht von Beziehungen sein, heißt Zusammenspiel mit anderen Menschen. Das weiß man schon aus der kleinen Welt des Alltags: bei der Kehrwoche in einem Wohnblock muß man sich absprechen, und wenn man in Urlaub geht, dann braucht man jemand, der während dieser Zeit die Blumen gießt. Daß dies verhältnismäßig einfache, durch freie Vereinbarung zustande gekommene Formen des Zusammenspiels sind, mag zu der Annahme verleiten, es genüge dazu gesunder Menschenverstand und guter Wille.
Das ist sicher richtig und hat sich unter halbwegs umgänglichen Menschen tausendfach bewährt. Da man sich aber – nur zum Beispiel – seine Verwandten, Nachbarn und Kollegen nicht aussuchen kann, sich also immer *auch* in einem weithin festgelegten größeren und empfindlicheren Geflecht von Beziehungen vorfindet, werden äußerste Feinfühligkeit und anspruchsvollste Spielregeln nötig sein für ein Zusammenleben, das diesen

Namen verdient. Die von Christus gemeinte Nächstenliebe muß vor allem *hier* ihre Brauchbarkeit erweisen. Und das erfordert einen erheblichen moralischen Aufwand.
Ich möchte das durch einen Satz deutlich machen, der mir aus der Komödie »Die Cocktailparty« von Thomas Eliot, vor Jahren gehört, im Gedächtnis hängenblieb: »Wer sind Sie jetzt?« fragt ein Party-Gast den anderen und fährt dann fort: »Sie sind nichts als eine Reihe abgenutzter Reaktionen!«
»Sie sind nichts als eine Reihe abgenutzter Reaktionen« – das hat mich damals getroffen. Denn unsere wechselseitigen Reaktionen sind ja auch eine Form menschlichen Zusammenspiels; nur daß man sich durch sie spürbar aufreibt und abnutzt. Es kann ja in der Tat niemandem wohl dabei sein, sich gegenseitig mit altbekannten und dennoch niebewährten Reaktionen in Schach zu halten, Gutes und Böses immer hübsch wettzumachen und mehr nicht zu tun, als die Bälle möglichst gezielt zurückzuwerfen. Das ist ein gespenstisches Spiel, so geübt wir darin auch sein mögen. Man reibt sich dabei auf, nutzt sich ab, geht notgedrungen immer mehr auf Distanz.
Man beschränkt seinen Umgang mit anderen allmählich auf das Unvermeidliche. Den Zustand der Abnutzung durch Reaktionen schildert Wilhelm Busch in seiner liebenswürdig-bissigen Weise so:

»Die Liebe war nicht geringe.
Sie wurden ordentlich blaß.
Sie sagten sich tausend Dinge
Und wußten noch immer was.

Sie mußten sich lange quälen.
Doch schließlich kam's dazu,
Daß sie sich konnten vermählen.
Jetzt haben die Seelen Ruh.

Bei eines Strumpfes Bereitung
Sitzt sie im Morgenhabit;
Er liest in der Kölnischen Zeitung
Und teilt ihr das Nötige mit.«

Wie gesagt, dies ist *auch* eine Form des Zusammenspiels unter Menschen. Aber *lebendig* kann man es beim besten Willen nicht nennen. Es ist erfahrungsgemäß weder auf die natürlichen Reserven der Liebe noch auf ein menschenfreundlich weites Herz allzuviel Verlaß. Wohl aber – meine ich – auf den Geist Christi, der die verschiedenartigsten Leute zusammenhält und vor abgenutzten Reaktionen bewahrt, sie seien – wie Paulus sagt – »Juden oder Griechen, Unfreie oder Freie« oder sonstwie gegensätzlich.
Man wird in seinem Geist zusammenspielen und sich nicht gegeneinander ausspielen. Man wird sich ergänzen und nicht erledigen, sich nützen und nicht ausnützen.
Die Kirche kann sehr wohl allerhand verschiedenartige Leute, Gruppen, theologische Richtungen, auch Konfessionen vertragen – nur das nicht, daß man nicht mehr *ein* Leib sein und das durch ein überzeugendes Zusammenspiel dokumentieren will. Natürlich müßte man mehr von der Kunst des Zusammenspiels, von Lebendigkeit bei den Christen sehen und spüren. Aber hier werden wir nun einmal nichts erwarten dürfen, was wir nicht auch selbst an unserem Teil zu tun bereit sind.
Es kommt nun als letztes ein Gesichtspunkt hinzu, der eine ständige Herausforderung und Kontrolle des Zusammenlebens unter Menschen darstellt. Ich beschreibe ihn so:

Die Lebendigkeit des Leibes schließt die schwächsten Glieder ein, nicht aus. Man hätte erwarten können, daß Paulus in der Darstellung der christlichen Gemeinde als des Leibes Christi beim Lob der Edelsten und Besten landet. Nichts dergleichen.

Statt dessen sagt er: »Das Auge kann nicht zur Hand sagen: ich brauche dich nicht! Und der Kopf kann nicht zu den Füßen sagen: ich brauche euch nicht. Im Gegenteil. Gerade die Glieder des Leibes, die schwächer zu sein scheinen, sind besonders notwendig. Die Glieder, die wir für weniger wertvoll halten, behandeln wir mit größerer Sorgfalt.«

Im praktischen Zusammenleben der Menschen hat das einige Schwierigkeiten. Wir sind ja gewohnt, ein passables Zusammenspiel nur mit den Menschen für möglich zu halten, die uns sympathisch sind und in den Rahmen unserer Vorstellungen passen. Das kann man nicht im Ernst für verkehrt erklären. Nur: die Probe aufs Exempel geschieht eben nicht in diesem vertrauten Rahmen, sondern dann, wenn ein Mensch uns ungerufen stört, ein Fremder, dessen Gesicht, dessen Ansichten, dessen Lebensstil uns fremd sind, der nicht unsere Ruhe, sondern unsere Vorurteile bestätigt – was werden wir dann tun? Es kann unser eigener Sohn sein. Er ist uns fremd geworden. Er hat seine eigenen Wege gewählt, die nach unserer Meinung zu keinem Ziel führen. Er bittet uns nicht mehr um Verständnis und braucht es doch mehr denn je. Er bittet uns nicht mehr um Vertrauen und ist doch darauf angewiesen. Er gehört nicht mehr zu den »wertvollen Gliedern« der Familie – wir aber sind jetzt erst recht seine Eltern. Er bietet uns nichts mehr, höchstens die Stirn und die Herausforderung, ihn in Geduld den sein zu lassen, der er ist. Vielleicht müssen wir das tatsächlich eine schmerzhaft lange Zeit tun und können dann ihn und seine vielen Geschwister in der weiten Welt zumindest verstehen, sie alle, die so hungrig, unsicher und heimatlos geworden sind. Ein altes Lied, einst von Abi und Esther Ofarim gesungen, schildert, wie fremd man sich bei uns fühlen kann, wenn es hier immer wieder heißt: »Mir scheint, mein Weg durch diese Welt führt nie nach Haus!«:

»Mein Daddy ist ein Nachtportier,
Mein Bruder Maschinist;
Die Schwester bügelt Hemden,
Und das Baby schläft und ißt.

Mir scheint, mein Weg durch diese Welt
führt nie nach Haus.

Ich hab' Berge und Meer,
Ich hab' alles gesehen,
Ich mußte immer wieder weitergehen.

Mir scheint, mein Weg durch diese Welt
führt nie nach Haus.

Ich hab' jeden Job genommen
Und hab' oft auf Sand gebaut,
Aber was ich auch erlebte,
Ging nie unter meine Haut.

Mir scheint, mein Weg durch diese Welt
führt nie nach Haus.«

Was sollen wir mit diesen Leuten, mit denen nicht groß Staat zu machen ist, die den »Weg nach Haus« nicht finden – was sollen wir mit ihnen tun? Vernachlässigen? Verwerfen? Verschweigen? Nein, sondern annehmen, heilen, stützen. Wir müssen den Katalog der Humanität, in dem inzwischen die Kranken, Gebrechlichen und Behinderten mehr schlecht als recht aufgeführt sind, erweitern. Darum habe ich von denen geredet, die uns fremd und störend sind. Jesus nennt sie seine Brüder, auch wenn sie möglicherweise nicht zum »Leib Christi« gehören wollen. An ihnen allen entscheidet sich unsere private und kollektive Lebendigkeit, und ganz gewiß die der Kirche.
Die schwächsten der Glieder gehören erst recht zum Leib; er

braucht sie, weil sie ihn die Demut lehren. Allerdings: den Katalog der Humanität nur durchzublättern, ist nicht genug. Ihn den Stadtvätern, der Kirche und sonstigen »zuständigen Stellen« auf den Schreibtisch zu legen, ist schon besser. Aber selber mit Hand anzulegen, ist am besten. Ich kenne nicht wenige Leute, die das ohne viel Aufhebens tun. Sie brauchen aber Verbündete, die ihnen zur Seite stehen. In vielen Fällen werden organisatorische Formen des Zusammenspiels unerläßlich sein: Arbeitskreise für Sozialisation, Gesprächsgruppen, Diskotheken, Kontaktzentren, soziale Gruppenarbeit, Hausaufgabenbetreuung (um auswahlweise zu nennen, was unsere Gemeinde in der großen Neubausiedlung vor den Toren Stuttgarts, meist zusammen mit der katholischen Kirchengemeinde, zu praktizieren versucht).

Alles zusammengenommen bleibt es die große Chance der Kirche, nicht nur Körperschaft, sondern *Leib* zu sein, eine Lebendigkeit darzustellen, die etwas anderes ist als Aktivität, die die Kunst des Zusammenspiels übt und die schwächsten ihrer Glieder bewußt zu sich rechnet.

Dies wird nur gelingen, wenn wir uns durch den Geist Christi »begeistern« lassen, also weniger die Kirche erhalten, als unsere Welt verändern wollen. Und darauf kommt es schließlich an.

Rolf Steinhilper

Die Gemeinde – ein Bau

1. Korinther 3, 9 ff.

Der russische Schriftsteller Alexander Solschenizyn erzählt uns die Geschichte einer Technikerschule, die viel zu eng, veraltet und verbraucht vor der Übersiedlung in ein neues Gebäude steht, in dem nicht nur die Schule, sondern auch die Wohnungen für die Studenten untergebracht sind. Jeder freut sich darauf. Endlich heraus aus dem alten Bau! Schüler, Lehrer, Studenten hatten mitgeholfen, um den zähen Fortgang der Arbeit zu beschleunigen. Die Ferien wurden mit »drangesetzt«. Eine Lehrerin meinte nach all der vielen gemeinsamen Arbeit: »Wahrscheinlich ist die Begeisterung ein natürlicher Zustand des Menschen und wohl auch der schönste.« Nun werden Pläne gemacht, wie man am schnellsten und billigsten den Umzug bewältigen könnte, um den Neubau bald zu erleben: Platz, Sonne, neue Lust an der Arbeit. Und bei allem der Stolz: wir haben es mit geschafft. Doch im letzten Augenblick besucht eine Parteikommission die alten Schulgebäude und bemerkt beim Abschied, eher beiläufig, mit dem Umzug werde es nichts. Mit dem alten Schulgebäude solle man ruhig noch für ein paar Jahre vorlieb nehmen. Für das neue Haus sei eine andere Verwendung vorgesehen: im Interesse der Sache.
Ob wir nicht genauso das Haus der Gemeinde dem ursprünglichen Zweck entfremdet haben? Auf private Weise natürlich. Weithin muß es als Tauf-, Konfirmations-, Trauungs- und Beerdigungsinstitut herhalten, während es von seinem Baumeister her wesentlich mehr sein sollte. Wenn wir auf den Anfang

blicken, auf den Baubeginn dieses Hauses, so sah es anders aus, auffallend anders. Christen, so wird uns berichtet, hatten eine feste Lebensgemeinschaft. Nicht zwangsweise, sondern aus freien Stücken. Sie halfen einander aus, legten zusammen, teilten mit den Hungernden und machten Platz für die Fremden. Sie beteten und redeten miteinander. Ihr Schicksal war nicht das einer geschlossenen Gesellschaft. Denn ihr Kreis war offen, so weit, wie es nur irgend sein konnte! Denn Juden und Griechen, Afrikaner und Asiaten, Zöllner und Witwen fanden hinzu. Niemand hat sie gezwungen. Ihr freies Ja war ihre Entscheidung. In der Gemeinde bekamen die Jungen ihr Recht, und den Älteren verschaffte man Gehör. Für das gemeinsame Essen nahmen sie sich Zeit und stellten eigene Ansprüche zurück. Ein freundlicher, verbindlicher Ton muß unter ihnen üblich gewesen sein, denn sie konnten ohne falsche Scheu und ohne gezierte Höflichkeit einander besuchen. Eine Atmosphäre des Vertrauens. Und das alles nicht, weil sie bessere Kameraden gewesen wären und ihre Interessen sich im Gruppenerlebnis getroffen hätten. Nichts von alledem! Sie sagten einmal von sich selbst, staunend, daß so etwas überhaupt hat werden können: Bisher waren wir kein Volk; nichts ging zusammen. Jeder lebte vor sich hin. Wie Steine waren wir, die da herumliegen, unnütz, hinderlich, störend. Bis wir dem Baumeister selber in die Hände kamen. Der hat lebendige Steine aus uns gemacht. Er hat uns gebrauchen können für ein Haus, das seinen Entwurf, seinen Geist, seine Liebe sichtbar machen will.

Mehr als alle Arbeits- und Lebensvollzüge war dies das Verbindende, daß sie Gott gemeinsam hatten. Sie haben es sich gefallen lassen, an die Seite der geistlich Armen, der nach Gerechtigkeit Hungernden und Dürstenden, derer, die allein auf Gnade angewiesen sind, gestellt zu sehen. Das war ihnen dann das Wunder, daß sie überhaupt brauchbar waren bei all dem, was sie hinter sich hatten. Vieles war jetzt neu geworden, vieles war zu verändern. Sie starrten gen Himmel und hielten Ausschau nach Zeichen und Schlüsseln für die Endzeit. Doch er lenkte ihren Blick auf die Erde, um in der Gegenwart vor ihrer Tür einen aufzunehmen, den andere ausgeschlossen hatten. Wo sie bekümmert auf ihre geringen Fähigkeiten schauten, da füllte er ihnen die Hände zum Heilen und zum Teilen. Sie brauchten einander, um sich mißtrauisch zu erhalten gegen ihre alten Götter der Gewohnheit, des Eigensinns und der Gier. Nichts anderes wollten sie sein als Knechte dessen, der sich ihnen als ungeteilte Liebe geschenkt hatte.

Dieses neue Dienstverhältnis nannten sie Freiheit, die sich weit von den kleinen Freiheiten abhob, die sie sich selbst genommen hatten. Sie merkten: dieser Gott restauriert keine verfallenden alten Häuser, sondern baut ein neues. Und dies noch einmal und ganz anders, obwohl seine bittersten Erfahrungen gerade darin bestanden, daß Menschen ihm schon vieles verbaut hatten. Wie oft hatten sie seine Pläne schon an sich gerissen und umgeworfen. Nur die Fassade erneuern, aber sonst ja keine Veränderungen!

Gott aber sagt: Nach allen schlechten Erfahrungen lege ich das Fundament, unumstößlich und für alle Zeit: Jesus Christus. Sein Wort ist deutlich. Wer darauf baut, hat einen festen, soliden Grund. Freilich, es wird kein Eigenheim und keine Zweitwohnung sein, weder etwas für eine Elite noch nur für private Zwecke. Eher eine Herberge für alle, doch verwendbar für vieles: für freundliche Festlichkeit und nüchterne Arbeit, für präzise Denkleistung und praktische Dienste. Gewiß wäre in einem solchen Haus vieles behoben: daß das Leben nur einsam, sinnlos oder glaubenslos sein muß. Auf dieses Fundament bauen heißt ganz sicher: man steht nicht für sich allein, sondern mit anderen zusammen. Eine Erfahrung, die einer in langen Jahren eines Konzentrationslagers gemacht hat, drückt dieses Zuhause in Gottes Volk so aus: Ich suchte meinen Gott, und er entzog sich mir; ich suchte meine Seele, und ich fand sie nicht; ich suchte meinen Bruder, und ich fand sie alle drei. Gegen solch eine Gemeinschaft erheben sich mindestens zwei Einwände. Der erste ist ein Ja – Aber:

Überall an den Nahtstellen zu anderen wird es heute brüchig. Wo ist sie denn zu finden, eine echte Gemeinschaft? Nicht einmal die Ehe will so recht dafür taugen. Kontakte nach außen sind bei vielen zerstört oder gar unterbrochen. Es ist nachweislich, daß Einsamkeit oft zur Krankheit führt. Ein Viertel aller Altersheiminsassen stirbt in den ersten sechs Monaten nach der Aufnahme. Oder: Untersuchungen haben ergeben, daß Ehestreitigkeiten vor allem an Wochenenden rapide ansteigen. Es fehlt plötzlich das, was den kleinen Rahmen übergreift: Freunde, eine fordernde Aufgabe, Anregungen, Spannung. Familienausflüge seien deshalb oft nur Ausbrüche aus dieser Situation. So blicken wir heute manchmal neidvoll in die Vergangenheit, wo die Großfamilie schwierige Fragen des Zusammenlebens hat lösen können. In der Erziehung wird uns deutlich, daß wir die Kinder nicht an uns selber binden dürfen, sondern ihnen das Geleit in eine Gemeinschaft mit anderen zusammen schuldig sind. Die Frage bei alledem ist aber: Besteht bei dieser Einsicht, daß unsere Gemeinschaft krankt, überhaupt die Aussicht, daß gerade die Gemeinde hier helfen könne? Helfen könne, um Kontaktstörungen zu verhindern, Isolationen, die zur Krankheit führen, beheben. Es ist doch zweifelhaft, ob sie überhaupt imstande ist, in kritische Situationen hinein zu raten, wieder Verbindungen zu schaffen, wo sich andere aus dem Staub gemacht haben, Gespräche in Gang zu bringen, weil andere abgeschoben, vergessen, ihre Pflichten versäumt oder verraten haben. Die Antwort kann nur heißen: Nein, sie kann es nicht. »Wo der Herr nicht das Haus baut, da arbeiten die Knechte umsonst.« Und mögen sich noch so viele in Aktivitäten tummeln, Querverbindungen schaffen und Zusammenschlüsse organisieren. Im Haus der Gemeinde geht es nach den Plänen eines anderen Baumeisters. Daß wir zuerst empfangende und dann tätige Menschen werden, ist wohl die Reihenfolge. Menschen, die diesen Gott hören und verstehen möchten, der in Christus so befreiend und klärend gehandelt hat. Menschen, die seine konkrete Hausordnung in die Tat umzusetzen versuchen.

Ein paar Punkte daraus will ich nennen: Einander annehmen, wie Christus uns angenommen hat. Richtet nicht, damit ihr nicht gerichtet werdet. Die Wahrheit in der Liebe sagen. Freut euch mit denen, die sich freuen. Tragt mit am Leid derer, die betrübt sind. Verlaßt alle hohen Rösser und haltet euch herunter zu den Niedrigen. Alle sind in der Gemeinde gleich. Zur Priesterschaft sind alle gezählt. Keiner soll sich besondere Titel und Ehrenbezeichnungen zulegen. Einer ist der Meister, untereinander sind alle Brüder. Trachtet zuerst nach der Verwirklichung der Gottesherrschaft, dann wird sich alles andere von selbst ergeben. Das letzte ist nicht purer Leichtsinn, sondern Jesu kraftvolle Ermutigung.

Der zweite Einwand gegen das brüderliche Leben in Gottes Volk ist ein deutliches Nein: Nein, das ist mir zu viel Gemeinschaft, zu viel Tuchfühlung mit anderen. Es ist wohl der Einwand, dem am wenigsten beizukommen ist, weil er bei uns allen von Natur aus viel Boden hat.

Ich will versuchen, ihn anhand eines Vorfalls in einem Betrieb zu erklären. Ein Arbeiter am Band einer Automobilfabrik. Er soll am vorderen Bandabschnitt eingesetzt gewesen sein. Um eine einzige Zigarette rauchen zu können, beging er Sabotage am Band. Statt seinen Preßluftbohrer an die vorgesehene, immer gleiche Stelle der Karosserie zu halten, bohrte er kurz

in das Band hinein, und alles stand augenblicklich still. Tausende von Mark Ausfall für das Werk, für ihn drei bis fünf Minuten Pause, die er sich nahm, weil er sie sonst nicht bekam.
Ist das nicht ein Protest gegen das stets Eintönige, gegen das Eingespanntsein, Ausgeliefertsein an eine Arbeit, die einen nie zu sich selber kommen läßt? Brauchen wir nicht alle nach den ausgefüllten, aufregenden, ausgebrannten Tagen so etwas wie eine Verkehrsinsel, an der der Verkehr vorbeiflutet, einen Platz für uns selbst, ganz allein? Einfach frei sein von allem Leistungsdruck, die Ablenkung im Spiel, das bare Nichtstun, sich hinsetzen und nachdenken – oder vielleicht auch bloß hinsetzen?
Ich meine: Ja, wir brauchen das. Ganz gewiß. Und es wäre Aufgabe einer rechten Gemeinschaft, gerade dieses Zu-sich-selber-Kommen zu ermöglichen, voller Rücksicht und Verständnis. Denn nur wer allein sein kann, bringt in die Gemeinschaft mit anderen wieder etwas ein. So fragen sie dann wieder bei uns an: packt mit an, helft mitzubauen an Gottes guter Sache. Sie braucht jeden. Gott läßt sich nicht privatisieren.
Wie hieß es vorhin: Ich suchte meinen Gott, und er entzog sich mir; ich suchte meine Seele, und ich fand sie nicht; ich suchte meinen Bruder, und ich fand alle drei.
In der »Integrierten Gemeinde München« werden die Brautleute bei der Trauung gefragt: Seid Ihr bereit, Eure Liebe, Eure Ehe, Eure Kinder, Eure ganze Existenz als reines Geschenk Seiner Huld zu empfangen, damit Ihr diese Gaben dem Aufbau der Gemeinde zur Verfügung stellen könnt? Ein Opfer soll dieses Ja nicht sein, denn es bekommt einer mehr, als er gibt.
In einem Brief einer jungen Frau, die ihr Leben dem Aufbau der Gemeinde zur Verfügung gestellt hat, heißt es:
»Lange in der Gemeinde zu sein heißt nicht einen Vorsprung zu haben, jedenfalls im letzten nicht. Ich bin nun bald neun Jahre in der Gemeinde, und doch ist es so, daß viele, die erst kürzer in der Gemeinde sind, mir oft den Weg zeigen. Einmal

habe ich mich für die Gemeinde entschieden – ja; aber die Gemeinde wandelt sich, man wird in ganz neue Situationen gestellt und muß ganz neu das ›Ja‹ sagen. Die Gemeinde von heute läßt sich mit der Gemeinde von damals nicht vergleichen; der Anspruch wie der Zuspruch ist sehr gewachsen. Ich selbst wohne zum Beispiel in einer Wohngemeinschaft, wo ich mit keinem der Hausbewohner befreundet bin von früher. Es ist einfach die Gemeinde, die da ist: Moni, Rudi, Alice, Arno, Vroni, Lotte und die zwei Kinder. In dieser täglichen Realität gehen mir die großen Worte nicht mehr so leicht von der Zunge, denn ich merke ständig, wie mickrig es bei mir selber aussieht, wie sehr ich von den eigenen Interessen und der eigenen Bequemlichkeit bestimmt bin. Da hilft nichts anderes, als sich aufschließen zu lassen und auf den anderen zuzugehen, aber nicht, weil wir uns doch verstehen wollen und eine nette Wohngemeinschaft haben möchten, das halten wir sowieso nicht durch, sondern weil an uns der menschenunmögliche Anspruch gestellt ist, in unserem Zusammenleben zu zeigen, wie Gott seine Gemeinde geliebt hat.«

Nur dafür sind wir ja da, dies zu zeigen. Und wenn nichts davon sichtbar ist, ist alles, was wir tun, sinnlos. Wenn einer nur aus Pflicht oder Gewohnheit in der Gemeinde mitmacht, reicht das nicht; ohne unser aller Liebe kann die Gemeinde nicht leben. Uns ist das unbegreifliche Geschenk zugefallen, daß wir die Gemeinde, das Kostbarste, was es auf der Welt gibt, lieben dürfen. Immer, wenn wir uns von dieser Liebe bestimmen lassen, dann werden wir auch mit unseren Problemen fertig, dann haben wir Einfälle und finden Möglichkeiten in den tausend konkreten Anforderungen des Alltags.

Wolfgang Seidel

Die Gemeinde – ein Brief

2. Korinther 3, 2 f.

Einer der wichtigsten Markierungspunkte meines Tages ist das Klappern des Briefkastendeckels: Die Post war da. Ein schneller Blick trifft erste Vorentscheidungen: Die meisten Drucksachen sofort in den Papierkorb, Amtliches zur Bearbeitung etra gelegt. Aber das Wichtigste bleibt doch: Ist auch private Post dabei? Ein Brief, an mich persönlich gerichtet? Mitteilung eines anderen an mich?
Der persönliche Brief hat auch in einer Zeit, wo ein kurzer Telefonanruf zur Regelung von Dringlichem genügt, Reiz und Geheimnis, aber auch Bedrohlichkeit nicht verloren. Der Werbeprospekt vom »Honighaus Immenfleiß« greift nicht an mein Herz. Was aber hat mir jemand, der mich kennt, Gutes oder Trauriges mitzuteilen, daß er es nur einem verschlossenen Umschlag anzuvertrauen vermag? Gehören gerade diese Mitteilungen nicht zu der Art von Briefen, die wir aufbewahrt, freilich seit Jahren nicht mehr gelesen haben? Ist das nur vergangene Romantik, das vergilbte Päckchen mit alten Briefen? Oder ist nicht vielmehr unser Leben undenkbar ohne Mitteilungen von Freundschaft und Liebe, Abschied und Gleichgültigkeit? Kann, wer sich liebte, sich nicht geschrieben haben? Mußte nicht, wer einen anderen verließ, die Flucht in den Brief, in die Erklärung antreten?
Zu derselben Art von Briefen rechne ich die kurzen, freundlichen Mitteilungen, die man einander auf den Küchen- oder Schreibtisch legt, nachdem man es eine Weile nicht mehr fer-

tigbrachte, miteinander zu reden. Könnten wir ohne das leben? Aber es gibt auch andere Briefe:
»... bedauern wir, Ihnen mitteilen zu müssen, daß die angebotene Stelle anderweitig besetzt wurde und daß wir Ihre Bewerbung deshalb nicht berücksichtigen konnten. Die beigefügten Unterlagen geben wir hiermit zu unserer Entlastung zurück. Hochachtungsvoll ...«
Oder, im gleichen Büro, von derselben Stenotypistin geschrieben, ein ähnlicher Brief, aber weit schlimmer für den Betroffenen:
»... ist es notwendig, gewisse strukturelle und personelle Veränderungen in dieser Abteilung durchzuführen. Aus den erwähnten Gründen, für die Sie Verständnis haben werden, sehen wir uns leider nicht imstande, unser Beschäftigungsverhältnis mit Ihnen über den 30. 9. hinaus zu verlängern. Für Ihren weiteren beruflichen Weg wünschen wir Ihnen alles Gute ...«
Auch mit dieser Art von Briefen müssen wir rechnen und leben. Enttäuschung, Bedrohung. Mag im ersten Fall ein junger Mensch lediglich den ersten beruflichen Fehlschlag hinnehmen müssen, mit dem er schließlich fertig wird, so kann ein solcher Brief unter Umständen eine Lebenskatastrophe bedeuten, aus der es kein Auftauchen mehr gibt.
Briefe sind geschriebene Schicksale, so oder so. Was wir geschrieben haben, sind wir einmal gewesen, selbst wenn wir gelogen hätten. Was uns geschrieben wurde, hat uns einmal getroffen, auch wenn wir es längst vergaßen. Geburtsanzeige und Todesnachricht sind nur erste und letzte schriftliche Zeugnisse unseres Lebens. Dazwischen liegt eine Flut von Mitteilungen: wichtige, freundliche, verheerende, belanglose. Mancher Brief bleibt über den Tod hinaus für einen oder für viele bleibende Spur unseres Daseins, Handschrift als letzter Beweis, daß es uns gab.

In einem solchen Sinne verstehe ich auch eine seltsame, seltene Stelle im Neuen Testament, die von der Gemeinde Christi redet:
... »Ihr seid unser Brief, in unser Herz geschrieben, gekannt und gelesen von allen Menschen! Ist doch offenbar geworden, daß ihr ein Brief Christi seid, durch unseren Dienst zubereitet, geschrieben nicht mit Tinte, sondern mit dem Geist des lebendigen Gottes, nicht in steinerne Tafeln, sondern in lebendige Herzen ...«

Man kann, wohl auch ohne ein theologischer Fachmann zu sein, erahnen, was Paulus, der Verfasser dieser Zeilen, meint. Für ihn trägt die christliche Gemeinde die deutlich lesbare Handschrift Christi. Sie ist ein lebendiger Empfehlungsbrief, den die Leute aufmerksam lesen, und zwar mit Gewinn. Zweifellos ein hohes Lobeswort.
Können wir dieses Lob unbesehen und unbefangen für uns in Anspruch nehmen? Gewinnt es nicht vielmehr in unserer christlichen und kirchlichen Situation heute kritisches Gewicht? Liest man aus dem Brief »Gemeinde« nicht auch ganz andere als erfreuliche Dinge? Vielleicht nicht unbedingt so drastisch, wie es Franz Josef Degenhardt in seinem Song vom »Deutschen Sonntag« ausgedrückt hat:

Da treten sie zum Kirchgang an,
Familienleittiere voran,
Hütchen, Schühchen, Täschchen passend,
ihre Männer unterfassend,
die sie heimlich vorwärts schieben,
weil sie gern zu Hause blieben.
Und dann kommen sie zurück
mit dem gleichen bösen Blick,
Hütchen, Schühchen, Täschchen passend,

ihre Männer unterfassend,
die sie heimlich heimwärts ziehn,
daß sie nicht in Kneipen fliehn.

Was mich am meisten an diesem Song betroffen macht, sind die Zeilen »und dann kommen sie zurück mit dem gleichen bösen Blick«. Ist das nur eine bösartige Übertreibung des Protestlers? Oder ändert uns das im Gotteshaus Erlebte und Gehörte tatsächlich so wenig? Ist es nur eine Wortbrause, unter der wir standen – an der Tür jedoch schütteln wir uns ein wenig, und alles ist wie vorher? Ich kann es nicht glauben!
Aber auch ein so engagierter Christ wie Heinrich Böll steht vor dem gleichen Problem. Befragt, was er vom Christentum halte, stellt er fest:
»Ich frage mich vieles, vor allem das eine: Wie ist es möglich, daß 800 Millionen Christen diese Welt so wenig zu verändern vermögen, eine Welt des Terrors, der Unterdrückung, der Angst? ›In der Welt habt ihr Angst‹, hat Christus gesagt, ›seid getrost, ich habe die Welt überwunden.‹ Ich spüre, sehe und höre, merke so wenig davon, daß die Christen die Welt überwunden, von der Angst befreit hätten, von der Angst im Wirtschaftsdschungel, wo die Bestien lauern; von der Angst der Juden, der Angst der Neger, der Angst der Kinder, Kranken. Eine christliche Welt müßte eine Welt ohne Angst sein, und unsere Welt ist nicht christlich, solange die Angst nicht geringer wird, sondern wächst: nicht allein die Angst vor dem Tode, sondern die Angst vor dem Leben und den Menschen, vor den Mächten und Umständen, Angst vor dem Hunger und der Folter, Angst vor dem Krieg ... Die Christen haben die Welt nicht überwunden, sie lassen sich auf sie ein und werden von ihr überwunden ... Man ist nicht Christ, sondern gehört zum ›christlichen Lager‹, man glaubt nicht an Christus, sondern ›macht in Christentum‹.«

Ähnliche Stellungnahmen gibt es noch viele; ich will sie nicht vermehren. Eines scheint klar zu sein: Es besteht zumindest eine deutliche Spannung zwischen dem Pauluswort vom lebendigen Brief »Gemeinde« und der Wirklichkeit der Gemeinde. Es wäre aber herz- und lieblos, dies lediglich festzustellen und darüber zur Tagesordnung überzugehen. Ich meine, von einem solchen Wort gehe auch Ermutigung und Ermächtigung aus, es mit der Gemeinde erneut zu versuchen und sein eigenes Talent als Gabe einzutragen.

Natürlich vermittelt kirchliche Gemeinde heute ein höchst einseitiges Bild ihrer Gaben und Aufträge. Aber das wird ja nicht dadurch anders, daß die aufgeschlossenen, kritischen Leute sie verlassen, ihr den Rücken auf Nimmerwiedersehen zukehren. Natürlich ist es leicht, hundert Minuspunkte aufzuzählen. Aber vielleicht sind Sie, bin ich gerade der eine Pluspunkt, der gefragt ist und gebraucht wird.

Mancher interessante Versuch, manches zukunftsträchtige Experiment kann gerade deshalb nicht unternommen werden, weil die Leute, für die sie bestimmt sind, sich nicht sehen und sich nicht ansprechen lassen. Und wenn – woran gar nicht gezweifelt werden kann – nicht nur neue Formen des Gottesdienstes, sondern auch des Weltdienstes, des Dienstes der Kirche an der Welt, entwickelt werden müssen, dann müßten sich eigentlich gerade diejenigen dabei engagieren, denen das bisher Getane zu wenig ist, die das Bild der Kirche zu langweilig, das Leben der Gemeinde zu fad und zu tot, die Predigten der beamteten Leute zu belanglos finden.

Das schöne Pauluswort »Ihr seid unser Brief, gekannt und gelesen von allen Menschen, ein Brief Christi« – als Lob gedacht, zur Kritik geworden – dürfte auch einen Ruf enthalten: einen Ruf zum Aufstand der Gutwilligen für die Gemeinde. Das Pauluswort erlaubt uns nicht zu tun, was wir zu gerne täten: mutlos werden, resignieren, den Karren laufen lassen.

Es sagt doch »ja« zu uns in überaus freundlichem Ton, damit wir wieder »ja« sagen können zu unserem Weltauftrag der Liebe. Der schon erwähnte Heinrich Böll sagt in seinem Beitrag später:
»800 Millionen Menschen auf dieser Welt haben die Möglichkeit, die Welt in Erstaunen zu setzen. Vielleicht machen einige von dieser Möglichkeit Gebrauch.«
Genau darum geht es: daß wir davon Gebrauch machen. Man muß die Handschrift Christi auf uns lesen können. Diese Schrift schreibt das Thema »Menschlichkeit« in zahllosen Variationen unaufhörlich fort. Ich will nur einige Möglichkeiten andeuten: Können wir am geistigen Elend der Gastarbeiter-Kinder in den deutschen Schulen ungerührt vorübergehen? Ich meine hier nicht die Frage der Eingliederung dieser Kinder in die Gemeinschaft; das scheint einigermaßen glatt zu gehen. Aber wie steht es mit ihrer Bildung? Wie soll ihnen die Mutter bei den Hausaufgaben helfen können, wenn sie selber kein Deutsch spricht? Wie sollen sie jemals mit den Geheimnissen der deutschen Grammatik fertig werden, die für deutsche Kinder schon schwierig genug ist? Es ist doch vorstellbar, daß alleinstehende oder kinderlose Frauen der Gemeinde genug Zeit haben, um mit Ahmed aus der Türkei oder Manuel aus Spanien eine Stunde Hausaufgaben zu machen! Vielleicht nimmt das sogar jemand in die Hand und organisiert es, damit es nicht im Privaten verschwimmt.
Oder: Die alte Krankenschwester hat nun endgültig die Gemeinde verlassen. Ersatz von den Mutterhäusern ist nicht zu erwarten. Das Bild der Diakonisse in den Straßen der Ortschaften wird seltener und wird aussterben. Das bedeutet für manche ältere, vielleicht bettlägrige Kranke ohne Angehörige einen Zustand völliger Hilflosigkeit, schlimmer Angst – eine tatsächliche Katastrophe.
Es gibt aber Krankenpflegekurse, in denen man die nötigsten

Handgriffe erlernen und Kenntnisse erwerben kann, um sich am Krankenbett nützlich zu machen und dem Arzt Routinearbeiten abnehmen zu können; abgesehen davon, daß die Einsamkeit für einige Zeit unterbrochen ist. Familienmüttern kann man das nicht zumuten. Wie aber wäre es, wenn ein paar Damen des christlichen Establishment sich um einen solchen Kurs kümmern würden, vielleicht mit einer Nachbargemeinde zusammen?
Neulich las ich eine Anzeige: »Suche Kraftfahrer, der mein gehbehindertes Kind morgens zur Schule fährt.« Stellen wir einmal die Tragik zurück, die hinter diesen Worten steckt – welcher Christ fährt?

Es gibt Möglichkeiten über Möglichkeiten, ein Brief Christi, eine gute Nachricht zu sein. Freilich, zur Theorie von der Nächstenliebe, die wir alle bejahen, muß auch die liebende Phantasie kommen, die sich den Nächsten in seinen wirklichen Verhältnissen vorstellen kann. Erst dann werden aus christlichen Schriftgelehrten von Christus beschriebene Menschen. Noch einmal: Man muß die Handschrift Christi auf uns lesen können. Vielleicht können Sie die Worte, die ich einem modernen Kirchenlied entnommen habe, so (oder so ähnlich) mitdenken: »Herr, hilf das Rechte sagen. Hilf uns, das Gute wagen. Herr, hilf das Rechte tun.«

Werner Ullrich

Alter Mensch – Neuer Mensch

Epheser 4, 22–24

Der Schulanfang am Ausgang des Sommers markiert jedes Jahr das Ende der großen Ferien. Millionen von Bürgern unseres Staates benutzen sie, um Urlaub zu machen. Der Urlaub ist zum sozialen Besitzstand geworden; er wird gebraucht. In den Wochen zuvor spüren und gestehen wir, und zwar je näher der Urlaub rückt desto deutlicher, daß wir urlaubsreif sind. Die harten Anforderungen des beruflichen Lebens zwingen zur großen Pause. Wir sollten sie wenigstens einmal oder besser: zweimal im Jahr haben.
Daß Urlaub benützt wird, um zu zeigen, wie gut man verdient, daß man wirklich so jung und vital ist, wie man aussieht, ist oft gesagt, geschrieben und von allen schon beobachtet worden; auch an uns selbst. Aber diese Seite soll uns jetzt nicht beschäftigen, sondern das Interesse, das auch da ist und das allgemein vorherrscht: nämlich sich auszuruhen, gesund zu leben, einer Liebhaberei nachzugehen, endlich das zu tun, was man längst schon tun wollte, sei es lesen, Briefe schreiben, wieder einmal mit den Kindern spielen oder an einem Modell weiterarbeiten. Hinter all dem steht, daß wir eine Erneuerung nötig haben. Wir brauchen sie, um wieder gern bei der Arbeit und unter unseren Nachbarn zu sein.
An dieser Stelle sollten wir wenigstens kurz an die denken, die auch eine Erneuerung nötig haben, aber keinen Urlaub machen können. Stellvertretend für sie alle nenne ich unsere Bauern. Ich weiß, daß diese Erwähnung für sie nicht mehr bedeuten

kann, als daß sie in die folgenden Überlegungen einbezogen sind.

Es wurde gesagt, Ziel des Urlaubs sei eine Erneuerung, die es erlaube, wieder gern bei der Arbeit und unter den Nachbarn zu sein. So mag es nützlich sein, sich nach dem Urlaub einmal der Frage zu stellen, ob man denn gern nach Hause zurückgekehrt ist. Die Frage verrät einen Verdacht. Tatsächlich wird immer öfter eingestanden, daß am Ende des Urlaubs die Lust zur Arbeit nicht da war. Man kehrte zurück, weil man mußte. Diese Beobachtung an sich selbst beunruhigt, verstimmt und macht gereizt. Sie läßt am erhofften Erholungseffekt zweifeln. Das alles steigert sich noch, wenn man daran denkt, wie teuer doch der Urlaub war und daß man eigentlich vernünftig gelebt hat.

Einige Verse aus dem 4. Kapitel des Epheser-Briefs wissen, wie nötig es ist, daß eine Erneuerung geschieht, und zeigen einen Weg:

»Legt den alten Menschen ab, der sich mit seinen Wünschen selbst betrügt. Sie bringen ihm in Wirklichkeit nichts als den Tod. Laßt euch einen neuen Geist schenken. Zieht den neuen Menschen an, den Gott nach seinem Bild geschaffen hat. Dann könnt ihr recht und heilig leben, wie Gott es will.«

Der Verfasser des Briefs, dem es an dieser Stelle um das Zusammenleben im Alltag geht, gebraucht ein ungewöhnliches Bild. Er fordert auf, den alten Menschen abzulegen und den neuen Menschen anzuziehen. Er muß an ein Gewand gedacht haben. Wir stellen uns eine abgetragene Jacke vor: aufgeknöpft, ausgezogen, weggeworfen – und hineingeschlüpft in eine neue, saubere, gutsitzende Jacke. Kleider machen Leute: alte Kleider arme Leute, neue Kleider neue Leute.

Wenn wir das auf uns übertragen, dann hängt uns der alte Mensch an, wenn wir müde, angestrengt und gereizt sind, und

der neue, wenn wir uns ausgeruht haben, gelassen und guter Laune sind.
Der Vergleich ist nicht schlecht. Wir fühlen uns in der Tat älter, wenn wir verbraucht sind, jedoch nach einer guten Nacht oder einem erfrischenden Bad, sicher auch nach einer Beförderung, wie neugeboren.
Unser Leben ist anstrengend, und es scheint immer anstrengender zu werden – auch im kleinen. Der Lebens- und Arbeitsrhythmus strengt uns an. Er schreibt tyrannisch vor, wann wir welche Bewegung zu machen und wann wir eine Pause einzulegen haben. Diese Reglementierung beginnt bereits auf dem Weg zur Arbeitsstätte. Unser Gehirn spielt mit. Dem einen befiehlt es, bei Grün über die Straße zu gehen, der andere tritt bei Rot auf die Bremse. Uns strengt die Dichte des Verkehrs, die Vielzahl der Menschen, die nicht abreißende Folge neuer Reize, Szenen, Bilder, Informationen, uns strengt die ganze Welt an, die täglich durch Zeitungen, Funk und Fernsehen in unser Haus, vor unser Auge und in unser Ohr kommt. Im Urlaub wollen wir das alles loswerden. Aber immer weniger gelingt uns das allerdings im Hinblick auf die Menschen. Selbst wer das Matterhorn im Juli oder August besteigen will, muß darauf gefaßt sein, daß am gleichen Tag etwa hundert Kletterer dem Gipfel zustreben, und daß es ein ganz schönes Gedränge geben könnte, wenn alle gleichzeitig oben ankämen. Immerhin, auf dem Weg zum Gipfel stehen keine Signalanlagen, und Platz zum Ausweichen ist vorläufig noch da.
Heraus aus der Gängelung und abschalten – das ist das Rezept, von dem wir uns mehr Geschmack an der Arbeit und neuen Mut zur Nachbarschaft versprechen.
»Legt den alten Menschen ab, der sich mit seinen Wünschen selbst betrügt. Sie bringen ihm in Wirklichkeit nichts als den Tod.« Das Bibelwort charakterisiert den alten Menschen anders. Er hat Wünsche – viele. Ein Erschöpfter hat nur einen,

zum Beispiel trinken oder schlafen. Und die vielen Wünsche bringen nichts als den Tod. Wünsche und Tod. Todbringende Wünsche, sie sind die abgetragene Jacke – mehr noch: sie sind der Staub in den Adern, der alt macht und auslöscht.
Todbringende Wünsche – das sind nicht Wünsche, sterben zu dürfen, sondern Wünsche, von deren Erfüllung man sich mehr Leben verspricht. Aber das tritt nicht ein, weil eine Täuschung zugrunde liegt.
Der Autor des Epheser-Briefs teilt uns nicht mit, an welche Wünsche er dabei denkt. Er mutet seinen Lesern zu, diese Frage selbst zu beantworten. Seine Warnung macht es dringlich.
Auch wir müssen diese täuschenden, Tod statt Leben bringenden Wünsche selbst entdecken. Eine Hilfe dazu scheint in den Formulierungen zu liegen: Der sich mit seinen Wünschen selbst betrügt, und sie – die Wünsche natürlich – bringen den Tod. Mit Wünschen kann man sich nicht selbst betrügen, und Wünsche bringen auch nichts. Es bedarf eines anderen, der das Gewünschte herbeibringt. Wenn meine Wünsche mir etwas bringen, dann muß ich sowohl derjenige sein, der einen Wunsch aus sich heraussetzt, als auch der andere, welcher seine Erfüllung betreibt. Im Grunde ist das die Art von uns Erwachsenen. Darin unterscheiden wir uns von den Kindern. Sie bringen uns vor ihrem Geburtstag den Wunschzettel, und sie sind gespannt, was sie dann davon geschenkt bekommen. Wir Erwachsenen dagegen haben unsere Wünsche – viel anspruchsvollere – und machen uns selbst auf den Weg, sie zu besorgen. Davon versprechen wir uns mehr. Liegt darin nicht schon eine Täuschung? Vielleicht die allerwesentlichste?
Wir werden nicht gewarnt, uns etwas zu wünschen. So könnte der Satz verstanden werden; und er ist auch schon so verstanden worden: Wer Christ sein will, wünscht sich nichts mehr, denn er hat bereits alles. In den Wünschen liegt nicht die Gefahr. Das müssen wir beibehalten. Und die Kinder bleiben

uns darin das große Vorbild. Schenken und Empfangen, Geben und Annehmen haben ihre Bedeutung. Es gilt die Einsicht zu wahren, daß es gerade die wesentlichsten Dinge sind, die wir nicht herstellen oder erkaufen, sondern nur geschenkt bekommen können. Die Warnung will vielmehr: daß wir kritisch prüfen, was wir uns wünschen.

»Legt den alten Menschen ab«, heißt dann: Achtet auf das, was ihr euch wünscht und wonach ihr strebt. Überdenkt es und wägt ab. Nicht alles, was glänzt, ist Gold.

Da die Urteilsfähigkeit abnimmt, je stärker wir uns mit einem Wunsch, einer Zielvorstellung identifizieren, wird eine Begleitung gebraucht, die uns zeigt, wo wir blind sind, und die uns anstößt, wenn wir träge werden. Sie kann wahrgenommen werden von einer Person. Sie geschieht auch durch Bücher. Wir wollen besonders an die denken, die durch die Bibel ein kritisches Verhältnis zu sich selbst fanden und lernten, auf ihre Wünsche zu achten.

Wünsche, die in Wirklichkeit den Tod bringen – sie sind nicht durch ein Stichwort zu benennen wie: Auto, Charme, Flugreise, Kenntnisse, guter Schlaf, Humor, schöne Frau, dickes Fell, Haus usw. usw. Die Tendenz kennzeichnet sie. Alle Wünsche, die letztlich mich zum Ziel haben: Die Dinge, Eigenschaften, Vorgänge, das Begehren und Erwarten, damit mein Leben voller wird – sie erweisen sich als Wünsche, die den Tod bringen, weil sie mich an mich selbst binden. Und ich, ich bin Tod, Monstrum, das verbraucht und auf das Ende zugeht.

Den alten Menschen ablegen wie ein Kleid. Das ist leichter gesagt als getan. Wie schwer ist es, bloß die alte Müdigkeit loszuwerden, die tagaus, tagein in unseren Augen und Gliedern hängt. Die Ziele und Pläne, die uns vergatternden Symbole höheren Status, die wir äußerlich kühl mit Leidenschaft verfolgen, weil sie uns versprechen, daß wir dann mehr sind,

machen es uns noch viel schwerer. Wie sollen wir uns von ihnen trennen? Ist die Grenze zwischen ihnen und uns noch feststellbar? Stimmt da überhaupt noch das Bild von dem Kleid? Den alten Menschen ablegen – das ist leicht gesagt, aber nicht zu tun.
Und doch ist es möglich. Wir werden den alten Menschen, der sich den Tod bringt, los. Paradoxerweise, wenn wir eingesehen haben, daß wir es nicht können, es aber doch geschieht.
Der Vorgang wird so beschrieben, daß sich uns ein neuer Geist schenkt. Er ist da, außen und innen, und ergreift uns. In diesem Ereignis liegt die Erneuerung. Die Reihenfolge ist also umgekehrt. Wir müssen nicht erst den alten Menschen ablegen, was nicht geht, um den neuen anziehen zu können, was ebensowenig geht, sondern: indem das Neue uns ergreift, fällt das Alte von uns ab.
Der Schreiber des Epheser-Briefs hat das erfahren, und seit in Jesus Gott Mensch wurde, ist es allen Menschen möglich, die gleiche Erfahrung zu machen. Jesus spricht von der nahe herbeigekommenen Gottesherrschaft und fordert zur Buße, zum Umdenken auf. Gottesherrschaft bringt immer Erneuerung hervor. Mit dem Nahekommen meint Jesus, daß sie an uns und um uns wahrnehmbar geworden ist. Mit der Aufforderung zum Umdenken will er unsere Aufmerksamkeit für diesen Vorgang schärfen. Er ist die Perle, das Kleinod, der Schatz.
»Zieht den neuen Menschen an, den Gott nach seinem Bild geschaffen hat. Dann könnt ihr recht und heilig leben, wie Gott es will.« Für das Ablegen des alten Menschen war uns eine Hilfe geboten worden. In den Wünschen, die den Tod bringen, weil sie immer ein Ende fixieren, sollen wir erkennen, was weichen muß. Eine Hilfe wird uns auch für das Anziehen des neuen Menschen geboten. Gott läßt uns erkennen, welche Gestalt unsere Erneuerung haben wird. Ihm dient dazu ein Bild, in dem er sich selbst anschaubar gemacht hat. Nicht als

Vorbild, dem wir uns nachbilden sollen, sondern damit wir wissen, worauf er mit uns hinaus will. Dieses Bild ist Jesus. In ihm sehen wir Gott als den neuen Menschen, an dem Gott in uns schafft.

Der Gedanke, daß wir auf Jesus hin entworfen sind und Gott ihn in uns erschafft, hat etwas Überraschendes an sich. Wir sind erzogen, Jesus als den anderen zu sehen. Als er uns bekannt gemacht wurde, wurde betont, was ihn von uns unterscheidet: Er der Sündlose, wir die Sündhaften. Er der Heilige, wir die Unheiligen. Diese Sicht hat ihre biblischen Grundlagen. Auf ihr baut die Gottheit Jesu auf. Aber die andere Sicht, daß er einer wie wir ist, hat ebenfalls ihre biblischen Grundlagen.

Nach den schrecklichen Erfahrungen menschlicher Selbstzerstörung in Kriegen, Konkurrenzen und Lagern wird verstärkt nach dem neuen Menschen gefragt, dessen Wünsche, Ziele und Pläne nicht den Tod bringen. Dieses Fragen ist selber eine Äußerung Gottes, und es ist seine Hilfe, daß er uns darauf Jesus als den neuen Menschen erkennen läßt. Der Mensch Jesus ist uns näher als der Gott Jesus. Das Bild Jesu, das uns die Evangelien überliefern, wird für uns verbindlicher, wenn wir es als Bild eines Menschen ansehen, der allerdings glaubhaft machte, daß er in Gott ist und Gott in ihm.

Auf diesen neuen Menschen hin schafft Gott in uns durch das ständige Schenken seines Geistes. Er beteiligt uns an diesem Prozeß. Unsere Aufgabe ist es, Vertrauen in ihn zu haben. Durch das Bild des neuen Menschen, das uns Gott in Jesus gibt, will er dieses Vertrauen wecken. Es gibt nichts Verdächtiges im Leben des Nazareners.

Die Erneuerung geschieht schließlich, damit wir echt und heilig leben. Mit diesen beiden Begriffen, die einen Bedeutungswandel erfahren haben, wird uns eine Aussicht eröffnet. Recht leben heißt nicht leben, wie es sich gehört, wie irgendeine durch Kultur und Herrschaft bestimmte Moral es befiehlt, sondern in der durch Gott zugänglich gemachten Freiheit sich der Fülle von Welt und Geschichte auszusetzen – und das heißt, weil wir nur so Gott begegnen. Er zeigt sich nicht einfach dort, wo wir ihn suchen. Zu seinem Wesen gehört das Überraschen. Er zeigt sich, wo es ihm gefällt und wo es nach seiner Einsicht nötig ist.

Wir waren davon ausgegangen, daß alljährlich viele Menschen im Urlaub Erholung und damit Erneuerung suchen. Diese Erneuerung geschieht ständig in uns allen auf das Bild des neuen Menschen hin, das Gott in Jesus uns vorgestellt hat. Der Urlaub bietet eine Chance, auf diese Erneuerung aufmerksam zu werden und Vertrauen in sie zu gewinnen, indem er uns herauslöst aus den Zwängen der Arbeit, aus den Konflikten und uns Zeit gibt, die wir freier gestalten können. Um dieser Chance willen müssen wir für jeden Urlaub danken. Sie macht ihn wünschenswert.
Ein letztes Bild: Auszug und Rückkehr.
Erschöpfte Menschen verlassen ihre Wohnungen, erholte kehren wieder. Bei der Erholung wird die Erneuerung erkannt, die Gott in uns wirkt. Aus der Rückkehr wird Heimkehr, aus dem Zwang zur Rückkehr die Freude an der Heimkehr. Das Bild Jesu schafft Vertrauen in die von Gott gewirkte Erneuerung. Wir übertragen es auf die Menschen, mit denen wir zusammenarbeiten und zusammenleben, und dieses Vertrauen läßt uns gern unter ihnen sein.

Christoph Bausch

Neuer Wein in alten Schläuchen ...

Matthäus 9, 16 f.

Das Neue hat heute Vorrang. In allem. Wer Erfolg haben will, muß das, was er tut, was er sagt, als das Neueste bezeichnen. Modernes besticht, und modern sein ist geradezu zur Tugend geworden. Wenn dagegen jemand sagt: »Du bist ja von vorgestern, du hängst einfach am Alten fest, ein Konservativer versteckt sich hinter dir«, dann klingt das für viele Ohren schon wie üble Nachrede.

Ist das so einfach? Alt und Neu, Hergebrachtes und Modernes – das ist ja nicht nur unser Problem. Zu allen Zeiten haben sich Menschen Gedanken darüber gemacht. Jesus hat einmal in zwei Bildern deutlich zu machen versucht, wie er über die Beziehung von Alt und Neu denkt:

»Niemand flickt einen Lappen von neuem Tuch an ein altes Kleid, denn der neue Lappen reißt doch vom alten und der Riß wird ärger. Und niemand faßt neuen Wein in alte Schläuche, sonst zerreißt der Wein die Schläuche und der Wein wird verschüttet und die Schläuche kommen um, sondern man soll neuen Wein in neue Schläuche fassen.«

Alt und Neu! Vor kurzem habe ich folgende Geschichte erlebt: Ich war zu einer Geburtstagsfeier eingeladen. Es hätte ein reizender Abend werden können, wäre nicht die ganze Gesellschaft stundenlang von zwei Kindern tyrannisiert worden. Ein junges Ehepaar hatte sie mitgebracht. Es war wirklich schlimm. Man konnte kein vernünftiges Wort miteinander reden.

Schließlich brachen die meisten Gäste vorzeitig auf. Verärgert. Die Eltern der beiden kleinen Tyrannen hatten sich ins Nebenzimmer verzogen. Sie saßen vor dem Fernsehgerät. Ich fragte sie, ob ihre Kleinen zu Hause auch so munter seien. Da zogen sie sich aus der Affäre mit den Worten: »Ja, wissen Sie, wir sind für antiautoritäre Erziehung.«
War das nun neue Erziehung oder waren das alte, egoistische Verhaltensweisen, garniert mit Modernismus? »Niemand flickt einen Lappen von neuem Tuch auf ein altes Kleid«, sagt Jesus, »denn der neue Lappen reißt doch vom alten und der Riß wird ärger«.
Aber noch eine andere Geschichte: Da war ein nettes junges Ehepaar. Als wir Männer unter uns waren, erzählte er plötzlich von ihren Schwierigkeiten. Sie hatten sich völlig auseinandergelebt. »Ich habe alles versucht«, sagte er: »Die Illustrierten-Beratung war zwar nicht schlecht, aber geholfen hat sie uns auch nicht. Im Kino haben wir moderne Liebestechnik studiert. Wir dachten, vielleicht liegt es daran. Es war eine Katastrophe. Nichts, aber auch gar nichts hat geklappt. Wir waren beide grenzenlos enttäuscht. Und das Ende: gegenseitige Vorwürfe, Tränen.« – »Neuer Flicken auf altem Kleid, der Riß wird größer.«
So betreiben wir Flickwerk und Stückwerk. Lauter Behelfslösungen. Wir meinen, die Verlegenheiten unseres Lebens mit vordergründigen Arrangements verdecken zu können. Dabei sehnen wir uns in der Tiefe unseres Herzens doch nach dem Neuen, nach dem Ganzen, nach dem, was trägt und tragen hilft.
Hilft uns das Evangelium dazu? Läßt sich von dort her eine Basis gewinnen, die tragfähig ist, die ein Fundament liefert, auf dem man zu stehen vermag? Es ist wahrlich nicht leichter geworden, als Christ in unserer Zeit zu leben. »In der Kirche möchte ich mich zu Hause fühlen«, hat neulich ein Bekannter zu mir gesagt, »aber es geht nicht an, daß jedesmal, wenn ich

hinkomme, die Wohnstube wieder umgeräumt ist. Immer diese Neuerungen! Dauernd ein bißchen krampfhaft anmutende Modernisierungsversuche, verschiedene theologische Auffassungen! Es ist mir einfach zuviel und zu anstrengend, mich mit all diesen Dingen dauernd auseinanderzusetzen. Ist es denn falsch, wenn ich verlange: Ich möchte einfach auf das Beständige, auf das Bewährte, auf das Bekannte zurückkommen dürfen?«

Noch einmal: Was vermag das Evangelium heute zu leisten? Behauptungen werden hier nicht weiterhelfen, sowenig wie die moderne Garnierung kirchlichen Redens und Tuns. Die Sache selbst, um die es geht, das Neue, von dem der Text redet, wird für sich selbst sprechen müssen, indem es hilfreich und überzeugend ist, indem es Hoffnung schafft, indem es Menschen aufatmen läßt und sich so als Evangelium erweist.
Wenn ich die Bibel recht verstehe, dann ist hier gemeint, daß Jesus selbst das absolut Neue war. Was er vertrat, ließ sich in den Formen seiner Zeit nicht ausdrücken. Der Alltag des Menschen damals war bis ins kleinste hinein durch religiöse Gesetze geregelt. Jesus stellt dieses System auf den Kopf: Der Mensch ist nicht um der Gesetze willen da, sondern das Gesetz um des Menschen willen. Dafür hat Jesus gelebt. Das durchzusetzen, kostete ihn das Leben. Das absolut Neue und wohl auch Ärgerliche allen alten und modernen Leistungsreligionen gegenüber ist dies: Der Mensch empfängt seinen Wert aus dem Urteil Gottes, das unabhängig ist von menschlich aufweisbarer Leistung. Die Bibel nennt dies Gnade. Wo sich ein Mensch in seiner Lebenspraxis auf dieses Evangelium einläßt, sich mit seiner Existenz engagiert und den Glauben wagt, wird er immer wieder so etwas wie innere Distanz gewinnen.
Ich meine, aus solcher Distanz zu den Dingen könnte gelegentlich auch ein bißchen Humor erwachsen, ein gewisses Maß an

Risikobereitschaft, an Zivilcourage, vielleicht auch ein Maß an Engagement und Phantasie, das Notwendige zu tun, zu dem sich vielleicht sonst keiner findet.
Dies also könnten Konsequenzen des Neuen sein, das mit Jesus in die Welt kam. Und wem dies alles zu wenig aktiv klingt, der darf vielleicht daran erinnert werden, daß die wichtigsten und tiefgreifendsten Dinge im Leben uns widerfahren, ohne daß wir sie verdienen, einhandeln, organisieren oder bezahlen können. Sie widerfahren uns. Das ist so in der Liebe und im Glauben. Das ist so in allen Dingen, die unser Leben in der Tiefe bewegen und voranbringen und an denen wir reifen.

Wir wollen aber die Konsequenzen noch ein Stück weiter bedenken. Was bedeutet das Neue, das Jesus in die Welt gebracht hat im Blick auf die anfangs erwähnten Probleme? Das Bildwort Jesu sagt: Der junge Wein darf unter keinen Umständen verlorengehen. Die Formen müssen dem Neuen gemäß sein. Ergeben sich die heute häufigen Widersprüche zwischen Eltern und Kindern nicht zu einem großen Teil daraus, daß Verhaltensformen der jungen Generation übergestülpt werden, die aus der Tradition der älteren Menschen kommen? Es wird nicht geprüft, ob diese Formen heute noch hilfreich sind. Wie viele Auseinandersetzungen gibt es in unzähligen Familien über Haartracht und Modewünsche? In wie vielen Familien wird hier unnötig eine Unsumme an Kraft vergeudet; ganz zu schweigen davon, wieviel Vertrauen damit verlorengeht? Versucht man nicht unentwegt, den jungen Wein in alte Schläuche zu füllen? Das Neue, das Jesus in die Welt gebracht hat, ist die Liebe, die für den anderen denkt. Das hieße dann, daß junge Menschen in Familie und Gesellschaft den Eindruck gewinnen müssen, daß sie als Menschen akzeptiert werden, auch wenn auf der anderen Seite in Sachfragen unterschiedliche Auffas-

sungen bestehen. Auch wenn ich zum Beispiel vieles nicht billige – an dem etwa, wie sich meine Kinder kleiden und wie sie sich benehmen –, so dürfen sie doch niemals den Eindruck haben, daß ich sie allein lasse. Man könnte es auch ganz einfach mit einem Wort der Bibel sagen: Nehmet einander an, gleichwie Christus euch angenommen hat.
Und dann das Beispiel mit der jungen Ehe. Wovon lebt eine Ehe? Sicherlich nicht nur von Stimmung, Gefühl oder gar Technik. Es werden immer wieder Zeiten kommen, wo dunkle Wolken den einst heiteren Horizont verdunkeln. Wie läßt sich die Liebe bewahren im Strom der Jahre? Ich meine, wo das Neue, das mit Jesus in die Welt gekommen ist, sich auswirkt, werden Menschen immer wieder bereit werden, nicht zu fordern, sondern zu schenken, nicht sich selbst zu suchen, sondern den anderen, nicht zu verlangen, sondern zu verzichten. Sicher ist: Liebe lebt von verlorenen Zuschüssen, die Liebe lebt vom Hergeben. Sie stirbt vom Aufrechnen, und sie gewinnt von der Vergebung, weil das ihr tiefstes Wesen ist.

Noch eine letzte Bemerkung: Wir sollten beachten, daß das Neue, von dem das Evangelium spricht, etwas anderes ist als der Fortschritt. Die Psychologie hilft uns erkennen, daß das Neuwerden menschlicher Beziehungen oftmals blockiert wird durch festgefahrene menschliche Verhaltensweisen, durch Ehrgeiz oder das persönliche Gekränktsein. Es gibt Vorurteile dem Nachbarn gegenüber, die durch Generationen vererbt werden. Darum ist der Inhalt aller biblischen Verkündigung die Vergebung. Mit ihr ist das Alte in die Vergangenheit gestoßen, weil das Neue zugegriffen hat. Das Neue ist imstande, die alten Konflikte zwischen Menschen aufzulösen. Es ist imstande, diesen furchtbaren Kreislauf von Fluch, Strafe und neuem Fluch zu zerstören, die Schuld zwischen einzelnen, zwischen Familien, zwischen Nationen zu zerbrechen.

Ich weiß nicht, wie Sie es halten mit dem Alten und dem Neuen. Aber warum sollten wir es nicht einmal versuchen mit dem, was das Evangelium sagt? Vielleicht sollten wir es uns gegenseitig zumuten in dem, was unser ureigenstes Leben ausmacht, gelten zu lassen, was das Evangelium vom Alten und vom Neuen sagt. Allerdings geht es dabei nicht um Schönheitsreparaturen, um neue Flicken auf alten Kleidern, sondern um den Grund und Sinn unseres Lebens, von dem Jesus einmal sagt: Siehe, ich mache alles neu.

Helmut Aichelin

Neuer Himmel – Neue Erde

Offenbarung 21

Da leben sie mitten unter uns und sind uns oft so fremd, als kämen sie von einem anderen Stern. Da sitzen sie als unsere eigenen Söhne und Töchter bei uns am Mittagstisch, wir reden mit ihnen und diskutieren mit ihnen – hoffentlich. Aber was wirklich in ihnen vorgeht, bleibt uns oft genug ein Rätsel. Ich meine die vielgeschmähte und hier und da auch mit vielen enthusiastischen Erwartungen bedachte junge Generation.
Seit Jahren ist sie in Bewegung und von einer tiefen inneren Unruhe erfaßt. Während viele von uns schon bisher einige Mühe hatten, die raschen Veränderungen auf dieser Szenerie auch nur einigermaßen zu registrieren und zu verfolgen, erwartete sie schon eine neue Überraschung. Plötzlich war in Zeitungsberichten und Illustriertenartikeln zu lesen und in Funk und Fernsehen zu hören, daß Teile dieser jungen Generation von einem religiösen Aufbruch erfaßt worden sind und noch erfaßt werden. »Die Jesus-Revolution«, so hat das große amerikanische Nachrichtenmagazin »Time« die Titelgeschichte seiner Juni-Nummer überschrieben.
Aber was man auch von dieser religiösen Bewegung unter der jungen Generation halten mag und ob und wie sie auch bei uns sich auswirken wird – eines ist zumindest vorläufig festzustellen: mit unseren Kirchen, mit unserer Form der Frömmigkeit, mit unserer Theologie hat sie wenig zu tun. Sie will meist auch gar nichts damit zu tun haben. Eine erregende Situation: da sind die durch Jahrhunderte hindurch gegrabenen Kanäle

kirchlicher Tradition, in denen das Wasser nur noch spärlich fließt. Und da schießen fernab davon offenbar springfrische Quellen aus dem Boden. Hat das überhaupt noch etwas miteinander zu tun? Nach welchen Maßstäben ist dies zu messen? Etwa nach Maßstäben der Rechtgläubigkeit? Ist es zu begrüßen, ist es zu verdammen? Wird es eine Modeerscheinung sein, die kommt und wieder geht?

Ich denke, es lohnt sich, diesen Fragen ein wenig nachzugehen. Denn es könnte sein, daß wir darin wie in einem Spiegel uns selbst, unseren Glauben, unsere eigenen Erwartungen in die Zukunft dieser Welt mit anderen Augen sehen lernen. Es könnte sogar sein, daß wir die Jungen ein wenig besser verstehen in dem, was sie suchen und das sie oft mehr ahnen als aussprechen können.
Eines jedenfalls ist deutlich: es ist eine Art Aufschrei. Ein Aufschrei des Protestes und der Sehnsucht. Und dieser Aufschrei durchschlägt nicht nur alle intellektuellen Sicherungen wohlabgewogener theologischer Systeme, sondern er durchschlägt auch alle unsere gewohnten Formen.
Vielleicht entsinnen Sie sich, daß wir noch bis vor wenigen Jahren ein Bild des Menschen der Zukunft vor Augen hatten, das ungefähr folgendermaßen aussah: Er wird ein von der Sachlichkeit moderner Technik geprägter Typ sein, auf rationale Argumente allein ansprechbar und weitab von allem, was auch nur von ferne nach Gefühl oder gar nach Sentimentalität riecht. Nicht selten wurde in diesem Zusammenhang von einem religionslosen Zeitalter gesprochen, dem wir entgegengehen. Fast eine ganze Theologengeneration war der Überzeugung, daß, wenn es nur gelingt, in der Übersetzung der biblischen Gehalte den Anschluß an diesen sachlichen, rational argumentierenden Menschen zu gewinnen, auch der Durchbruch der Kirche in die Welt von morgen geschafft sei.

Und nun erreicht uns dieser Aufschrei des Protestes und der Sehnsucht. Er kommt wie eine Explosion aus der Tiefe des Menschen, in der wahrhaftig nicht nur schöpferische, sondern auch höchst gefährliche Dinge schlummern. Die Tiefenpsychologen haben es uns immer gesagt, daß dort die eigentlichen elementaren Entscheidungen des Menschen fallen. Auch die Glaubensentscheidungen? Die junge Generation schreit es jedenfalls hinaus: Wir wollen mit unserem Leben nicht nur funktionieren. Wir wollen nicht nur Erfolgsleitern hochklettern, die sich in Statistiken und Zahlen berechnen lassen. Wir suchen Freude, Glück, Sinn für unser Leben, und zwar für den ganzen Menschen. Hat auch dazu der Glaube nicht nur etwas, sondern Wesentliches zu sagen?
Ganz gewiß, wir bewegen uns in diesem Gespräch mit diesem Teil der jungen Generation auf einem nicht leichten und manchmal sogar höchst gefährlichen Weg. Gott ist nicht etwas, was wir in der Tiefe von uns selbst entdecken können – so leidenschaftlich junge Menschen oft in wilder Ekstase dort danach suchen. Gott kommt zu uns durch das Wort, das Zeugnis von Jesus. Aber wenn in unseren Gottesdiensten die Worte nur noch daherklappern – allenfalls noch einen Diskussionsgegenstand über eine gute oder eine schlechte Predigt abgeben? Wenn sie uns wirklich nicht mehr in der Tiefe bewegen und unser Leben bestimmen und verändern? Wenn junge Menschen, die nach Sinn, Freude und Erfüllung fragen, längst woanders zu suchen beginnen? Sprechen sie dann nicht nur aus, was wir immer wieder selbst schon empfunden haben? Daß nämlich dieses Wort, das da gepredigt wird, Befreiung, Hoffnung und nicht zuletzt aktives Tätigsein bewirken müßte und nicht erstarren dürfte in Gedankenkonstruktionen und stumm gewordenen frommen Formulierungen.
Wir können jedenfalls der Frage nicht ausweichen: Was ist da unter uns geschehen? Wir glauben, daß wir das Wort des

Lebens haben in dieser Botschaft von Jesus, in dem Gott zu uns geredet hat. Und mitten unter uns sind junge Menschen, die auf der Suche sind nach Glück, Hoffnung und Sinn. Und beides kommt nicht zusammen. Norman Brown zum Beispiel ist solch eine fragende, suchende Stimme:
»Ich begann mit dem Namen des Dionysos; es sei mir erlaubt, mit dem Namen Christi zu schließen. Denn die Kraft, die ich suche, ist auch eine christliche. Nietzsche war es, der tatsächlich sagte, daß die ganze Frage das Wechselbeispiel zwischen Dionysos und Christus sei; aber nur ein Narr wird diese beiden als sich gegenseitig ausschließende Gegensätze auffassen. Es gibt ein dionysisches Christentum, ein apokalyptisches Christentum ... Christen unter der Anrufung des Geistes ...«
Sie sehen, »daß niemand Moses richtig lesen kann ohne den Geist Moses; daß niemand die Worte des Johannes richtig und mit wahrem Verstehen lesen kann, wenn er es nicht in und mit demselben Geist tut, durch den Johannes sie gesprochen hat, und wenn er nicht von seinem brennenden, leuchtenden Licht erfüllt ist, das von Gott kommt. So wird die Autorität der Vergangenheit einer neuen Schöpfung einverleibt; das Wort wird Fleisch. Wir sehen mit unseren eigenen Augen, und mit unseren eigenen Augen sehen, ist zum zweiten Mal sehen.«
Wenn wir diese Worte vernehmen und sie vergleichen mit unserem eigenen Glauben, unseren eigenen Erwartungen und unserer eigenen, vielleicht tief unter den Krusten alltäglicher Geschäftigkeit verborgenen Sehnsucht, haben wir dann nicht den Eindruck: hier ist in der Tat etwas Elementares aufgebrochen? Etwas, was tiefer liegt und stärker ist, als daß es nur den menschlichen Verstand erreichen würde? Aber ist es damit so fern von der Sprache der Bibel, die ja auch nicht nur unseren Verstand ansprechen will? Begegnen uns nicht auch dort Chiffren und Bilder, die ganz unmittelbar zu uns zu sprechen be-

ginnen, weil sie das im Grunde Unsagbare in Zeichen und Symbolen ausdrücken und damit mehr sagen, als Worte zu sagen vermögen?
Die Bibel ist ja kein Lehrbuch mit Paragraphen und Unterparagraphen. So leidenschaftlich es ihr in vielen Abschnitten um Klarheit des Verstehens von Glauben geht, so sehr weiß sie auch, daß ihre Botschaft sich darin nicht erschöpft. Sie ist also in Wahrheit in Fühlung mit der jungen Generation, wo immer diese Generation ihren Protest und ihre Sehnsucht nur noch in Chiffren und Bildern hinausruft. Und sie will uns alle in dieses Gespräch mit hineinziehen. Um unseres eigenen Glaubens, unseres eigenen Handelns und unserer eigenen Sehnsucht willen. Lassen Sie mich das an *einem* Text ein wenig zu zeigen versuchen; er steht auf den letzten Seiten der Bibel:
»Und ich hörte eine laute Stimme vom Throne her sagen: Siehe da, die Hütte Gottes bei den Menschen; und er wird bei ihnen wohnen, und sie werden sein Volk sein, und Gott selbst wird bei ihnen sein. Und er wird alle Tränen abwischen von ihren Augen, und der Tod wird nicht mehr sein, und kein Leid noch Geschrei noch Schmerz wird mehr sein, denn das Erste ist vergangen. Und der auf dem Throne saß, sprach: Siehe, ich mache alles neu.«
Das ist keine intellektuelle Abhandlung, die sich an den menschlichen Verstand wendet. Hier wird in einem Bild geredet, um diese letzte Hoffnung und Verheißung, die über der Welt steht, freizulegen. Dieses Bild ist Protest und Sehnsucht zugleich. Protest gegen die Welt, so wie sie ist und wie wir sie alle kennen und alle dazu beitragen: voll von Leid, Geschrei, Schmerz und Tod. Und zugleich Sehnsucht danach, daß dies nicht immer so sein muß. Daß es noch nicht endgültig heraus ist, was in der Zukunft des Menschen steckt.
Vielleicht beginnen wir von da aus besser zu verstehen, warum diese Aufbruchsbewegung in der jungen Generation zu der

Sprache der Bilder greift, um das uns Vorstellbare und Berechenbare zu überschreiten. Warum sie mehr und anderes noch im Menschen entdecken will als Intellekt und Leistung, die alles andere überschatten – übrigens bis weit hinein in unser Verständnis vom Christentum.

Freilich, dieses Bild aus der Offenbarung ist nicht nur Ausdruck von Protest und Sehnsucht. Es will zugleich Antwort geben. Und diese Antwort lautet: Nicht Untergang und Tod werden das letzte Wort haben über diese Welt. Sondern am Ende wird es herauskommen, daß Gottes Hütte bei den Menschen sein wird. »Das Erste ist vergangen.« »Siehe, ich mache alles neu.« Wie das im einzelnen aussehen wird, darüber kann das Bild keine Auskunft geben, und das will es auch nicht. Aber es will die Dimensionen anzeigen, in denen sich unser Leben vollzieht. Es will hinter dem kleinen Glück und den großen Sorgen und Ängsten unseres Lebens die eigentliche Hoffnung wieder freilegen und damit das Wesentliche am Menschen, der sich so hineinverbissen und hineinverkrallt hat in das, was jetzt gerade ist und besteht.

Ist es eine Flucht? Es ist ja wiederum eine merkwürdige Sache, daß dieser Vorwurf, den man schon immer gegen die Bilder der Bibel vom neuen Himmel und der neuen Erde erhoben hat, auch gegen das erhoben wird, was in der jungen Generation jetzt aufgebrochen ist. Er hätte *dann* seine vollste Berechtigung, wenn die Vision vom neuen Himmel und der neuen Erde zur Trägheit statt zum Einsatz, zum Rückzug auf die Seele statt zum Handeln führen würde.

Ein Beispiel unter vielen gab dafür eine Gruppe junger Menschen auf dem letzten Kirchentag in Stuttgart. Sie hat zwei Lieder gesungen, die in unserer Zeit gedichtet und komponiert wurden. Das eine will uns festhalten an der Not dieser Welt und uns aufrufen zu Hilfe und Tat an dem unter die Räuber gefallenen Menschen. »Bleib nicht zu lang in Bethlehem, du

weißt, was da geschah« . »Bleib nicht zu lang auf Golgatha, du weißt, was da geschah«, heißt es hier. Und der Kehrreim lautet: »Du kannst nicht einfach weitergehn, solang ein Mensch, du hast davon gelesen, solang ein Mensch, du hast davon gehört, vor Jericho und anderswo unter die Räuber fällt.«
Das andere Lied singt vom neuen Jerusalem und der Hütte Gottes unter den Menschen. Ich meine, beides gehört untrennbar zusammen. Die Tat kann nicht sein ohne die Verheißung. Und die Verheißung darf nicht sein ohne die Tat.

Herr, wir sind unterwegs. Viele von uns beginnen zu entdekken, worauf die Besten unter der jungen Generation uns gestoßen haben: wie leer und tot, verkrampft und erstarrt der Mensch werden kann mitten in einer scheinbar perfekt funktionierenden Welt. Viele von uns haben einen Traum von einem neuen Menschen und einer neuen Erde. Du aber hast sie verheißen und in Jesus den Anfang gemacht.
Wir bitten dich: Laß uns auf der Spur dieser Verheißung das tun, was heute zu tun not ist. Um deinet- und um des geschundenen, gequälten und dennoch hoffenden Menschen willen. Amen.

Die Mitarbeiter

Pfarrer Helmut Aichelin, 7 Stuttgart 1, Hölderlinstraße 40; geb. 1924 in Stuttgart. 1942-43 Studium der Elektrotechnik an der Technischen Hochschule Stuttgart; nach Kriegseinsatz und Gefangenschaft 1946-51 Studium der Theologie in Tübingen und Göttingen; 1951-60 zunächst Vikar, dann Pfarrer in Stuttgart-Zuffenhausen; 1960-68 Studentenpfarrer in Tübingen; 1964-67 Vorsitzender der Studentenpfarrerkonferenz. Seit 1968 Leiter der Evangelischen Zentralstelle für Weltanschauungsfragen in Stuttgart.

Pfarrer Martin Baisch, 7 Stuttgart 80, Bonhoefferweg 14; geb. 1930 in Stuttgart-Bad Cannstatt. 1945-50 Besuch der evang.-theol. Seminare Schöntal und Urach; 1951-56 Studium der Theologie in Tübingen (Evang. Stift) und Göttingen; 1956-58 Vikar bzw. Pfarrverweser in Hohenstaufen, Freudenstadt, Schönaich, Stuttgart und Schweindorf. Unterbrechung durch Studienaufenthalt in Edinburgh/Schottland; 1958-64 Pfarrer in Enslingen/Schwäb. Hall; 1964-70 Jugendpfarrer in Ulm/Donau. Seit 1970 Gemeindepfarrer in Stuttgart-Fasanenhof.

Akademiedirektor Pfarrer Christoph Bausch, 7325 Bad Boll, Evang. Akademie; geb. 1926 in Stuttgart. 1945-50 Studium der Theologie; Pfarrer in Bietigheim/Württ. Seit 1961 Mitarbeiter der Evang. Akademie Bad Boll: Industriejugendarbeit, Leitung der Industrieabteilung der Akademie; 1972 geschäftsführender Direktor der Evang. Akademie Bad Boll.

Pfarrer Wolfgang Cramer, Stuttgart, Dornbuschweg 34; geb. 1935 in Crailsheim/Württ. Studium der evang. Theologie in Tübingen, Berlin, Zürich und Basel. Seit 1966 Pfarrer an der Martinskirche in Stuttgart.

Pfarrer Martin Hörrmann, 813 Starnberg, Heimstättenweg 6; geb. 1929 in Schwäb. Hall. 1946-50 Besuch der evang.-theol. Seminare Schöntal und Urach; 1951-56 Studium der Theologie in Tübingen; anschließend württ. Kirchendienst als Vikar und Pfarrer; 1960-68 Studien- und Abteilungsleiter für Sport- und Vereinsfragen an der Evang. Akademie Bad Boll. Seit 1970 Sportpfarrer der EKD mit Sitz und Referat an der Evang. Akademie Tutzing.

Oberstudienrat Pfarrer Richard Kommerell, 798 Ravensburg, Hirschgraben 11; geb. 1928 in Stuttgart. Bis 1943 Schulzeit in Ravensburg; nach Kriegsdienst und Gefangenschaft Abitur (Seminar Urach); 1949-53 Studium der Theologie in Tübingen; 1953-58 im württ. Kirchendienst. Seit 1958 Religionslehrer an den Ravensburger Gymnasien.

Stadtdekan Peter Kreyssig, 7 Stuttgart 1, Lessingstraße 4; geb. 1924 in Chemnitz. 1946-50 Studium der Theologie in Marburg, Berlin, Tübingen und England; 1950 Mitarbeit im Generalsekretariat der Evangelischen Studentengemeinde in Deutschland (ESG); 1954-62 Generalsekretär; 1962 Pfarrer an der Gedächtniskirche in Stuttgart. Seit 1970 Stadtdekan von Stuttgart.

Rundfunkpfarrer Johannes Kuhn, 7 Stuttgart 70, Auf dem Haigst 14; geb. 1924 in Plauen/Vogtland. 1946-47 Missionsseminar der Rheinischen Missionsgesellschaft Barmen; 1947-51 Studium der Theologie in Barmen, Göttingen und Basel; 1951-53 Vikar in Emden, Bremen, Osnabrück (Evang.-reformierte Landeskirche in Nordwestdeutschland); 1954-61 Gemeinde- und Jugendpfarrer in Bremerhaven. Seit 1961 im Dienst der Evangelischen Landeskirche in Württemberg als Landespfarrer für Rundfunk in Stuttgart. Seit 1970 Vorsitzender der Hörfunkkommission der Konferenz für Kommunikation in der EKD.

Pfarrerin Dorcthea Margenfeld, 714 Ludwigsburg, Karlsplatz 9; geb. 1939 in Lindenort Kr. Ortelsburg (Ostpr.). Seit 1945 in Württemberg; Studium der Theologie in Berlin, Heidelberg, Zürich und Tübingen; Vikariat; Studienaufenthalt in den USA (Harvard Divinity School). Seit 1973 Pfarrerin an der Friedenskirche in Ludwigsburg.

Wiss. Assistent Dr. Gerhard Marcel Martin, 4 Düsseldorf, Volksgartenstraße 20; geb. 1942 in Düsseldorf. 1961 Abitur; 1961-68 Studium der evang. Theologie und Philosophie in Wuppertal, Tübingen, Heidelberg und Bonn. Seit 1970 wissenschaftlicher Assistent am Fachbereich evang. Theologie in Tübingen; 1973 Promotion.

Pfarrer Dr. Hans Mohr, 7 Stuttgart 70, Löwenstraße 92; geb. 1930 in Stuttgart. Theologiestudium in Tübingen und Basel; Studium der Kirchenmusik in Stuttgart; 1959-64 Repetent am Evang. Stift in Tübingen; 1964-69 Persönlicher Referent des Landesbischofs der Evang. Landeskirche in Württemberg. Seit 1969 Pfarrer an der Versöhnungskirche in Stuttgart-Degerloch.

Pfarrer Jürgen Peylo, 747 Ebingen, Böllatstraße 50; geb. 1937 in Aryx/Ostpr. Schulbesuch bis zum Abitur in Eisenach; 1956-60 Studium der Theologie in Tübingen und Berlin; 1961-62 Vikar in Stuttgart-Bad Cannstatt; 1962-63 Studium an der Theol. Fakultät der Orthodoxen Kirche in Belgrad. Seit 1964 Pfarrer an der II. Pfarrstelle der Friedenskirche in Ebingen.

Pfarrer Rolf Scheffbuch, 7 Stuttgart 70, Hagdornweg 3; geb. 1931 in Calw/Württ. Nach Schulzeit in Stuttgart Studium der Theologie in Bethel, Bonn, Tübingen und Springfield/USA(S.T.M.); anschließend Vikariat und Assistent von Landesbischof D. Dr. Martin Haug; 1959-65 Pfarrer am Ulmer Münster; 1961 Delegierter der Weltkirchenkonferenz in New Delhi. Seit 1965 Leitender Referent im Evang. Jugendwerk in Württemberg und Mitglied der Württ. Landessynode (Vorsitzender des Ausschusses Diakonie-Ökumene-Mission), Mitglied der EKD-Synode und des Vorstands des CVJM-Gesamtverbands.

Pfarrer Wolfgang Seidel, 713 Lomersheim Kr. Vaihingen/Enz; geb. 1926 in Zwickau/Sachsen. Nach französischer Kriegsgefangenschaft Studium der Theologie zunächst in Montpellier, später in Tübingen; seit 1950 im württ. Kirchendienst; 1952-60 hauptamtlich politisch tätig. Seit 1966 Pfarrer in Lomersheim.

Oberkirchenrat Theo Sorg, 7 Stuttgart 1, Werastraße 12; geb. 1929 in Nierstein/Rhein. 1954 Eintritt in den württ. Kirchendienst; 1957 Jugendpfarrer in Stuttgart. 1960 Leiter des Evang. Jungmännerwerks in Württemberg; 1965-73 Erster Pfarrer an der Stiftskirche in Stuttgart. Seit September 1973 Oberkirchenrat und Mitglied des Evang. Oberkirchenrats in Stuttgart. Mitglied der 8. Landessynode.

Pfarrer Rolf Steinhilper, 699 Bad Mergentheim, Clemens-August-Str. 15; geb. 1933 in Bretten. Studium der Theologie in Tübingen und Basel; seit 1959 im württ. Kirchendienst; Pfarrer in Freudenbach und Kirchheim/Teck. Seit Juli 1973 Pfarramt der Kurseelsorge in Bad Mergentheim.

Pfarrer Dr. Reiner Strunk, 7 Stuttgart 1, Herdweg 90; geb. 1941 in Düsseldorf. Ab 1960 Studium in Köln, Wuppertal, Heidelberg und Bonn; 1966 I. theol. Examen in Düsseldorf; Assistent bei Prof. Jürgen Moltmann in Bonn und Tübingen; 1970 Promotion in Tübingen. Seit 1972 Pfarrer an der Gedächtniskirche in Stuttgart.

Pfarrer Christian Troebst, 7325 Bad Boll, Evang. Akademie; geb. 1925 in Haunshofen/Obb. 1935-43 Schüler des »Grauen Klosters« in Berlin; Theologiestudium in Heidelberg und Erlangen; 1952-60 Dorfpfarrer in Nordbaden; 1960-68 Industrie- und Sozialpfarrer für die Prälatur Ulm. Seit 1969 Leiter der Industrieabteilung der Evangelischen Akademie Bad Boll.

Pfarrer Werner Ullrich, 7 Stuttgart 1, Gymnasiumstraße 36; geb. 1923 in Leipzig. Kaufmännische Lehre. Studium der Geschichte, Philosophie und Zeitungswissenschaft in Leipzig. Studium der Theologie in Leipzig und Tübingen. Journalistisches Praktikum in Dresden. Industriepraktikum in Reutlingen und Giromagny/Frankreich. Gemeindepfarrer in Stuttgart, Kißlegg, Spaichingen und Billensbach. Seit 1964 Leiter der Abteilung »Kirchliche Bildungsarbeit« beim Evang. Gemeindedienst für Württemberg in Stuttgart.

Professor Dr. theol. et phil. Robert Leuenberger, CH 8700 Küsnacht ZH, Schiedhaldenstraße 24; geb. 1916 in Burgdorf (Kanton Bern). Studium der Theologie, Germanistik und Geschichte. Lehrer für Religion und Deutsch am Gymnasium in Biel; danach Studentenpfarrer in Basel und Rektor der Kirchlich-theologischen Schule (für Theologen des zweiten Bildungswegs) in Basel. Seit 1965 ordentlicher Professor für Praktische Theologie an der Universität Zürich.

Das auf Seite 31 zitierte Gedicht »Was meinte Luther mit dem Apfelbaum?« ist mit freundlicher Genehmigung des Limes Verlags Wiesbaden entnommen: Gottfried Benn, Gesammelte Werke, Band 3.
Das Gedicht von Christine Busta auf Seite 73 veröffentlichen wir mit freundlicher Genehmigung der Autorin.